全国“八五”普法教材

U0822609

法律明白人
农民工权益保护实用问答

FALU MINGBAIREN
NONGMINGONG QUANYI BAOHU
SHIYONG WENDA

以案普法版

韦颖颖
刘志军
著

中国法制出版社
CHINA LEGAL PUBLISHING HOUSE

目录
CONTENTS

第一章　劳动合同

第二章　社会保险与工伤认定

第三章　特殊保护

第四章　劳动争议与维权

第一章

劳动合同

1. 用人单位临时用工是否应当与劳动者签订劳动合同?

典型案例

村民王某强在农闲时节应聘到当地一家布艺加工厂务工。加工厂的招聘公告显示：现工厂接到一批大额订单，急需招聘一批临时工人，用工时间为两个月，月薪 2500 元。王某强通过了加工厂的面试并参加了基础的岗前培训，进入加工厂工作。但加工厂以临时用工、用工时间较短为由，未与王某强签订劳动合同。在这种情况下，王某强有权要求和加工厂签订劳动合同吗?

以案普法

我国用人单位实行劳动合同制度，《劳动合同法》第 7 条规定：用人单位自用工之日起即与劳动者建立劳动关系。用人单位应当建立职工名册备查。同时，该法第 10 条第 1 款明确规定：建立劳动关系，应当订立书面劳动合同。因此，只要用人单位用工，就应当与劳动者签订劳动合同，王某强有权要求与工厂签订劳动合同。

在加工厂仅用工两个月的情况下，双方可以按照《劳动合同法》第 12 条的规定，签订固定期限的劳动合同。麻雀虽小却也五脏俱全，即使实际用工时间较短，用人单位也应该与劳动者签订书面的劳动合同；同时，此劳动合同应当具备劳动合同期限、工作内容和工作地点、工作时间和休息休假、劳动报酬、劳动保护、劳动条件和职业危害防护等基本内容，才能符合《劳动合同法》第 17 条关于劳动合同的内容要求。

签订劳动合同对劳动者来说，意义更为重大。众所周知，“临时工”的权益难以维护，容易成为相关方面推脱责任的借口，签订劳动合同的“临时工”更能清楚地与用人单位约定薪资待遇、岗位义务、所享权利等劳动条件，一旦遇到额外加班、缺少劳动保护、工伤、拖欠工资等情况，劳动者自己手里的劳动合同就是一份书面的凭证，可以成为双方处理劳动争议的主要依据。

法律依据

《中华人民共和国劳动合同法》

第七条 用人单位自用工之日起即与劳动者建立劳动关系。用人单位应当建立职工名册备查。

第十条第一款 建立劳动关系，应当订立书面劳动合同。

第十二条 劳动合同分为固定期限劳动合同、无固定期限劳动合同和以完成一定工作任务为期限的劳动合同。

2. 劳动合同包含哪些必备内容？

典型案例

王某华在镇上一家食品加工厂工作，主要的工作内容是收纳工厂在食品加工过程中产生的废料并运送至工厂外指定地点。入职当天，工厂与王某华签订劳动合同，但劳动合同的内容比较简单，仅约定了用工期限、工作时间和工作内容。工厂人事部门负责人口头承诺王某华的月工资为2500元，并按实际加班情况支付加班费。王某华工作两个月后，工厂便以进入生产淡季、工作内容减少为由，口头通知王某华次月工资按照2000元发放。由于劳动合同未明确约定工资报酬，双方发生劳动争议。那么，劳动合同包含哪些必备内容呢？

以案普法

劳动合同必须具备必要的内容方为合规，按照《劳动合同法》第17条的规定，劳动合同应当具备以下条款：（1）用人单位的名称、住所和法定代表人或者主要负责人；（2）劳动者的姓名、住址和居民身份证或者其他有效身份证件号码；（3）劳动合同期限；（4）工作内容和工作地点；（5）工作时间和休息休假；（6）劳动报酬；（7）社会保险；（8）劳动保护、劳动条件和职业危害防护；（9）法律、法规规定应当纳入劳动合同的其他事项。

也就是说，以上 9 项基本条款有缺失的劳动合同既不合规，也不合法，用人单位应当对欠缺必备基本条款的劳动合同进行补充和完善，否则就应当承担相应的法律责任。《劳动合同法》第 81 条规定：用人单位提供的劳动合同文本未载明本法规定的劳动合同必备条款或者用人单位未将劳动合同文本交付劳动者的，由劳动行政部门责令改正；给劳动者造成损害的，应当承担赔偿责任。

除了这些必备的合同条款内容外，用人单位还可以与劳动者在劳动合同中约定试用期、培训、保守秘密、补充保险和福利待遇等其他事项。当然，这些约定也应当符合法律、法规的规定，否则为无效条款。

就本案来说，因劳动合同未约定工资报酬，王某华可按照口头约定的工资向企业主张权利。若王某华没有证据证明双方口头约定的工资标准，可按照《劳动合同法》第 18 条的规定，要求适用集体合同的规定；没有集体合同或者集体合同未规定劳动报酬的，实行同工同酬；没有集体合同或者集体合同未规定劳动条件等标准的，适用国家有关规定。

法律依据

《中华人民共和国劳动合同法》

第十七条 劳动合同应当具备以下条款：

（一）用人单位的名称、住所和法定代表人或者主要负责人；

（二）劳动者的姓名、住址和居民身份证或者其他有效身份证件号码；

（三）劳动合同期限；

（四）工作内容和工作地点；

（五）工作时间和休息休假；

（六）劳动报酬；

（七）社会保险；

（八）劳动保护、劳动条件和职业危害防护；

（九）法律、法规规定应当纳入劳动合同的其他事项。

劳动合同除前款规定的必备条款外，用人单位与劳动者可以约定试用期、培训、保守秘密、补充保险和福利待遇等其他事项。

第十八条　劳动合同对劳动报酬和劳动条件等标准约定不明确，引发争议的，用人单位与劳动者可以重新协商；协商不成的，适用集体合同规定；没有集体合同或者集体合同未规定劳动报酬的，实行同工同酬；没有集体合同或者集体合同未规定劳动条件等标准的，适用国家有关规定。

第八十一条　用人单位提供的劳动合同文本未载明本法规定的劳动合同必备条款或者用人单位未将劳动合同文本交付劳动者的，由劳动行政部门责令改正；给劳动者造成损害的，应当承担赔偿责任。

3. 用人单位实际用工后不与劳动者签订劳动合同，需承担哪些法律责任？

典型案例

张某经同村村民介绍，到开元建设有限公司的一号项目工地务工，工地负责人称试用期 3 个月，期满合格后办理正式的入职手续。用工第二个月，张某被公司调往四号项目工地工作，张某提出签订劳动合同的要求，公司以张某试用期未满为由拒绝。如本案情形，公司在实际用工后不与劳动者签订劳动合同的，需承担哪些法律责任？

以案普法

用人单位与劳动者的劳动关系自用工时建立，入职就应当签订书面劳动合同。所谓的“试用期”“考察期”“实习期”都不是公司或企业推托或迟延签订书面劳动合同的理由。

《劳动合同法》第 7 条中规定：用人单位自用工之日起即与劳动者建立劳动关系。同时，该法第 10 条第 1 款规定：建立劳动关系，应当订立书面劳动合同。这两条规定就将签订劳动合同的时间明确为用工之日，也就是说，员工入职上班，公司就应当立即与之签订书面劳动合同，否则公司就应当承担相应的法律责任。

具体而言，按照用工时间的不同，用人单位分别应承担如下法律后果：公司自用工之日起超过一个月不满一年未与劳动者订立书面劳动合同的，应按照《劳动合同法》第 82 条的规定向劳动者每月支付二倍的工资；超过一年未订立书面劳动合同的，应按照《劳动合同法》第 14 条的规定，视为用人单位与劳动者已订立无固定期限劳动合同。

公司除应当及时签订书面劳动合同外，还应当将签订完成的劳动合同文本交给劳动者至少一份，未将合同文本交付给劳动者的，根据《劳动合同法》第 81 条的规定，由劳动行政部门责令改正，并且在给劳动者造成损害的情况下，还应当承担赔偿责任。

就本案来说，张某有权要求与公司签订书面的劳动合同，公司借故推托的，张某可以到劳动主管部门投诉处理，或者依法申请仲裁、提起诉讼，要求公司与自己签订书面劳动合同并支付未签订合同期间的双倍工资。

法律依据

《中华人民共和国劳动合同法》

第七条 用人单位自用工之日起即与劳动者建立劳动关系。用人单位应当建立职工名册备查。

第十条 建立劳动关系，应当订立书面劳动合同。

已建立劳动关系，未同时订立书面劳动合同的，应当自用工之日起一个月内订立书面劳动合同。

用人单位与劳动者在用工前订立劳动合同的，劳动关系自用工之日起建立。

第十四条 无固定期限劳动合同，是指用人单位与劳动者约定无确定终止时间的劳动合同。

用人单位与劳动者协商一致，可以订立无固定期限劳动合同。有下列情形之一，劳动者提出或者同意续订、订立劳动合同的，除劳动者提出订立固定期限劳动合同外，应当订立无固定期限劳动合同：

（一）劳动者在该用人单位连续工作满十年的；

（二）用人单位初次实行劳动合同制度或者国有企业改制重新订立劳动合同时，劳动者在该用人单位连续工作满十年且距法定退休年龄不足十年的；

（三）连续订立二次固定期限劳动合同，且劳动者没有本法第三十九条和第四十条第一项、第二项规定的情形，续订劳动合同的。

用人单位自用工之日起满一年不与劳动者订立书面劳动合同的，视为用人单位与劳动者已订立无固定期限劳动合同。

第八十一条 用人单位提供的劳动合同文本未载明本法规定的劳动合同必备条款或者用人单位未将劳动合同文本交付劳动者的，由劳动行政部门责令改正；给劳动者造成损害的，应当承担赔偿责任。

第八十二条　用人单位自用工之日起超过一个月不满一年未与劳动者订立书面劳动合同的，应当向劳动者每月支付二倍的工资。

用人单位违反本法规定不与劳动者订立无固定期限劳动合同的，自应当订立无固定期限劳动合同之日起向劳动者每月支付二倍的工资。

4. 采取计件工资制的用人单位，怎样在劳动合同中约定用工时间与工资计算标准？

典型案例

大岗村村民杜某在镇上一家玩具加工厂工作，工作内容是毛绒玩具的加工和制作。工厂采取计件工资制，劳动者没有基本工资，按照工艺繁简程度的不同，加工每件玩具的报酬不等。2019 年 7 月，工厂订单突增，杜某每天需加班 3 个小时左右方可完成工厂要求的进度。次月，结算工资时，工厂并没有按照口头承诺计算加班费，仅按照交工成品件数发放工资，双方产生劳动争议。杜某到劳动主管部门反映咨询，采取计件工资制的用人单位，怎样在劳动合同中约定用工时间与工资计算标准？

以案普法

计件工资制作为一种有效的含有激励意义的工资分配

方式，被很多企业采用，无论是固定期限劳动合同、无固定期限劳动合同还是以完成一定工作任务为期限的劳动合同中，均可采用计件或计量方式作为工资计算的依据。

《劳动法》第 48 条中明确规定：国家实行最低工资保障制度。无论是采取计件工资还是非计件工资的用人单位，在与劳动者订立劳动合同时，都应当明确约定用工时间和工资计算标准。采用计件工资制度的企业，在劳动合同中可以约定用工时间内以完成一定数量劳动成果作为计算工资的依据。同时，劳动者在未完成计件要求，或者是因企业生产计划调整造成的工作量减少时，用人单位应当按照《劳动法》第 48 条的规定，支付给劳动者不低于当地最低工资标准的工资。

另外，在用工时间上，《劳动法》第 36 条规定，每日工作时间不超过 8 小时、平均每周工作时间不超过 44 小时。计件工资制度仅是工资分配方式不同，并非特殊的用工方式。采用计件工资制度的劳动者和其他劳动者享有同等的权益。按照《劳动法》第 37 条的规定，实行计件工作的劳动者，同样享受以上工时制度。对于因工作需要加班的劳动者，也应当发放加班费或安排调休。

法律依据

《中华人民共和国劳动合同法》

第十二条　劳动合同分为固定期限劳动合同、无固定期限劳动合同和以完成一定工作任务为期限的劳动合同。

《中华人民共和国劳动法》

第三十六条 国家实行劳动者每日工作时间不超过八小时、平均每周工作时间不超过四十四小时的工时制度。

第三十七条 对实行计件工作的劳动者，用人单位应当根据本法第三十六条规定的工时制度合理确定其劳动定额和计件报酬标准。

第四十八条 国家实行最低工资保障制度。最低工资的具体标准由省、自治区、直辖市人民政府规定，报国务院备案。

用人单位支付劳动者的工资不得低于当地最低工资标准。

5. 未签订劳动合同的农民工，能否享受法定假期？

典型案例

张某与同乡一行13人随“包工头”赵某在林平建筑工程有限公司的一号项目工地打工，13人在入职当天办理了入职手续，从建筑公司人事管理办公室领取了工作证、出入证、工装、安全帽等物品，但没有签订书面劳动合同。张某每天按时打卡进入工地工作，受建筑公司管理，按照建筑公司要求从事瓦工工作。入职三个月后，张某顺利转正，但是公司始终未和张某补签书面劳动合同。“五一”劳动节期间，张某提出休假要求，公司以张某经“包工头”介绍入职且未与公司签订书面劳动合同为由，称其不能享受法定假期待遇，若张某要求休假需按事假例行请假手续，并扣发相应天数的工资。在这种情况下，未签订劳动合同的张某能否享受法定假期？

以案普法

“五一”劳动节属于《劳动法》第 40 条规定的用人单位应当依法安排劳动者休假的节日，即我们所说的法定假期。无论是否签订书面劳动合同，只要是用人单位的劳动者，都能享受休假的待遇。

张某在工地从事瓦工工作，为建筑公司提供劳动，受建筑公司管理，张某与建筑公司之间具有劳动关系。按照《劳动合同法》第 7 条的规定，无论张某是否经“包工头”介绍入职，都不影响双方劳动关系的成立，建筑公司应当与张某签订书面的劳动合同。就本案来说，张某不仅可以要求在法定节假日休假，还可以要求与建筑公司补签书面劳动合同。

当然，如果张某按照建筑公司的要求，在劳动节期间继续工作，建筑公司应当按照《劳动法》第 44 条第 3 项的规定，向张某支付不低于工资的 300%的工资报酬。

法律依据

《中华人民共和国劳动合同法》

第七条　用人单位自用工之日起即与劳动者建立劳动关系。用人单位应当建立职工名册备查。

第十条　建立劳动关系，应当订立书面劳动合同。

已建立劳动关系，未同时订立书面劳动合同的，应当自用工之日起一个月内订立书面劳动合同。

用人单位与劳动者在用工前订立劳动合同的，劳动关系自用工之日起建立。

《中华人民共和国劳动法》

第四十条　用人单位在下列节日期间应当依法安排劳动者休假：

（一）元旦；

（二）春节；

（三）国际劳动节；

（四）国庆节；

（五）法律、法规规定的其他休假节日。

第四十四条　有下列情形之一的，用人单位应当按照下列标准支付高于劳动者正常工作时间工资的工资报酬：

（一）安排劳动者延长工作时间的，支付不低于工资的百分之一百五十的工资报酬；

（二）休息日安排劳动者工作又不能安排补休的，支付不低于工资的百分之二百的工资报酬；

（三）法定休假日安排劳动者工作的，支付不低于工资的百分之三百的工资报酬。

6. 劳动合同与劳务合同有哪些区别？

典型案例

苏某强于2016年7月与华强公司签订劳动合同并办理入职手续，劳动合同期限自2016年7月至2019年7月。劳动合同到期后，双方于2019年9月1日重新订立劳务合同，2021年12月，经双方结算，华强公司共欠苏某强劳务费9万元，公司承诺在2022年1月底前结清欠付劳务费，但到期后，公司仍未付清劳务费。2022年3月，苏某强申请劳动仲裁，劳动争议仲裁委员会审查后认为本次仲裁请求不属于劳动仲裁的受理范围。2022年6月，苏某强向法院提起诉讼，要求华强公司支付劳务费，法院审理后支持了苏某强的诉讼请求。本案中，苏某强与华强公司先后订立的劳动合同和劳务合同有哪些区别？

以案普法

劳动合同和劳务合同虽然只有一字之差，但是其法律意义有很大的区别，二者在权利义务、救济途径等方面均存在很大的差异。我们在签订合同的时候，一定要充分了解合同的性质以及可能产生的法律后果，选择与自身工作或劳务特点一致的合同。

劳动合同一般是指按照《劳动合同法》第 2 条的规定，在用人单位和劳动者形成劳动关系的情况下所签订的书面合同。劳动合同在格式上应当具备《劳动合同法》第 17 条所规定的必备条款，用人单位与劳动者之间具有管理和隶属性。劳动者不仅向用人单位提供劳动，还需要遵守用人单位的规章制度，接受用人单位的管理；用人单位不仅需要向劳动者发放工资报酬，还需要为劳动者缴纳社保，保障劳动者享受《劳动合同法》规定的休假、产假等各项法定权益。

劳务合同适用《民法典》合同编的相关规定，一般是指平等主体之间签订的，以提供劳务为内容的合同。劳务合同的签订者之间是平等的，不具有管理属性，双方按照劳务合同的约定履行各自的义务，一方提供劳务，另一方支付劳务费，双方之间的权利义务相对简单。

除以上区别外，二者在权利受损时的救济途径方面也有不同，劳动合同纠纷发生时，按照《劳动法》第 79 条的规定，争议一方应先到劳动争议仲裁委员会申请劳动仲裁，不服仲裁结果并在法定期间内才可到法院起诉；劳务合同纠纷出现后，争议双方可直接向法院起诉。

法律依据

《中华人民共和国劳动合同法》

第二条 中华人民共和国境内的企业、个体经济组织、民办非企业单位等组织（以下称用人单位）与劳动者建立劳动关系，订立、履行、变更、解除或者终止劳动合同，适用本法。

国家机关、事业单位、社会团体和与其建立劳动关系的劳动者，订立、履行、变更、解除或者终止劳动合同，依照本法执行。

第十七条 劳动合同应当具备以下条款：

（一）用人单位的名称、住所和法定代表人或者主要负责人；

（二）劳动者的姓名、住址和居民身份证或者其他有效身份证件号码；

（三）劳动合同期限；

（四）工作内容和工作地点；

（五）工作时间和休息休假；

（六）劳动报酬；

（七）社会保险；

（八）劳动保护、劳动条件和职业危害防护；

（九）法律、法规规定应当纳入劳动合同的其他事项。

劳动合同除前款规定的必备条款外，用人单位与劳动者可以约定试用期、培训、保守秘密、补充保险和福利待遇等其他事项。

《中华人民共和国劳动法》

第七十九条 劳动争议发生后，当事人可以向本单位劳动争议调解委员会申请调解；调解不成，当事人一方要求仲裁的，可以向劳动争议仲裁委员会申请仲裁。当事人一方也可以直接向劳动争议仲裁委员会申请仲裁。对仲裁裁决不服的，可以向人民法院提起诉讼。

《中华人民共和国民法典》

第四百六十四条 合同是民事主体之间设立、变更、终止民事法律关系的协议。

婚姻、收养、监护等有关身份关系的协议，适用有关该身份关系的法律规定；没有规定的，可以根据其性质参照适用本编规定。

7. 劳动合同中的试用期如何约定？

典型案例

王某于2017年9月在一家工厂打工，双方签订劳动合同约定试用期3个月，合同期限2年。2019年9月，劳动合同期满，工厂要求与王某续签劳动合同，同时以王某的工作能力接近熟工水平为由，再次约定试用期1个月，试用期满考评合格后可按照熟工工作能力调整工资。王某同意，双方续签劳动合同，合同期限自 2019 年 9 月至 2021 年 9 月，试用期 1 个月。但在二次试用期届满后，工厂以王某未满足熟工考评条件、试用期不合格为由，要求与王某解除劳动关系，双方产生劳动争议。王某前往劳动行政主管部门反映情况并提出疑问，劳动合同中应该如何约定试用期？

以案普法

试用期一般是用人单位对劳动者能否胜任工作岗位需要进行考核的期限，也是劳动者对用人单位是否符合自己的求职要求进行认知判断的期限。这是一种双方双向选择的表现，被现在的企业普遍适用于人事管理制度中。但是有一些企业存在滥用试用期、延长试用期、多次约定试用期等严重违反《劳动合同法》规定的情况，损害了劳动者的合法权益。

《劳动合同法》第 19 条第 1 款明确规定了试用期的期限："劳动合同期限三个月以上不满一年的，试用期不得超过一个月；劳动合同期限一年以上不满三年的，试用期不得超过二个月；三年以上固定期限和无固定期限的劳动合同，试用期不得超过六个月。"就本案来说，王某第一次与工厂签订劳动合同时，合同期限为 2 年，那么按照规定试用期不得超过 2 个月，双方约定试用期 3 个月的行为明显违反了法律规定。

同时，《劳动合同法》第19条第2款规定，同一用人单位与同一劳动者只能约定一次试用期。续签合同时，工厂再次与王某约定试用期，违反了该规定，试用期的约定条款无效。但双方续签的劳动合同有效，双方之间仍然存在劳动关系，在王某没有《劳动合同法》第39条规定的情况下，工厂不得擅自解除劳动合同。

法律依据

《中华人民共和国劳动合同法》

第十九条　劳动合同期限三个月以上不满一年的，试用期不得超过一个月；劳动合同期限一年以上不满三年的，试用期不得超过二个月；三年以上固定期限和无固定期限的劳动合同，试用期不得超过六个月。

同一用人单位与同一劳动者只能约定一次试用期。

以完成一定工作任务为期限的劳动合同或者劳动合同期限不满三个月的，不得约定试用期。

试用期包含在劳动合同期限内。劳动合同仅约定试用期的，试用期不成立，该期限为劳动合同期限。

第二十一条　在试用期中，除劳动者有本法第三十九条和第四十条第一项、第二项规定的情形外，用人单位不得解除劳动合同。用人单位在试用期解除劳动合同的，应当向劳动者说明理由。

第三十九条　劳动者有下列情形之一的，用人单位可以解除劳动合同：

（一）在试用期间被证明不符合录用条件的；

（二）严重违反用人单位的规章制度的；

（三）严重失职，营私舞弊，给用人单位造成重大损害的；

（四）劳动者同时与其他用人单位建立劳动关系，对完成本单位的工作任务造成严重影响，或者经用人单位提出，拒不改正的；

（五）因本法第二十六条第一款第一项规定的情形致使劳动合同无效的；

（六）被依法追究刑事责任的。

8. 用人单位法定代表人或股东变更是否影响劳动合同的履行？

典型案例

张某自2020年3月与南安建筑公司签订劳动合同，合同期限为2020年3月1日至2023年3月1日。劳动合同签订后，张某在南安建筑公司位于滨河区的项目从事建筑工作。2021年12月，该项目工地施工结束后，南安建筑公司从项目工地撤场并办理工商变更登记，公司法定代表人及股东均已变更，李某强成为公司实际经营人。2022年1月，张某接到公司人事部门通知，要求对张某进行用工考核，考核合格后重新定岗定薪并与公司签订新的劳动合同；考核不合格的，劳动关系终止。就本案来说，公司法定代表人或股东变更，是否影响原劳动合同的履行?

以案普法

依法签订的劳动合同受法律保护，用人单位与劳动者都应当按照劳动合同的约定，全面履行各自的义务。除《劳动合同法》规定的事项外，未经双方协商一致的，一方不得擅自变更劳动合同的约定事项。同样，劳动合同是劳动者与用人单位之间签订的，并不是劳动者与公司的法定代表人、负责人、经营人或股东签订的，因此，公司以上人员的变更，均不影响劳动合同的履行。对此问题，《劳动合同法》第 33 条明确规定：用人单位变更名称、法定代表人、主要负责人或者投资人等事项，不影响劳动合同的履行。

当然，除公司的名称、法定代表人、负责人、经营人或股东变更登记外，公司在经营过程中也可能会发生合并或者分立，如甲乙公司合并成为丙集团公司后，原属于乙公司的员工的劳动关系应当由丙集团公司接受承继。对此，《劳动合同法》第 34 条规定，用人单位发生合并或者分立等情况，原劳动合同继续有效，劳动合同由承继其权利和义务的用人单位继续履行。

本案中，南安建筑公司变更法定代表人、股东和经营人后，张某与公司的原劳动合同仍然有效，公司提出通过重新考核定岗定薪、另订劳动合同等要求，属于变相不履行原劳动合同的行为，违反了《劳动合同法》的以上规定，张某有权拒绝并要求公司继续履行原劳动合同。

法律依据

《中华人民共和国劳动合同法》

第二十九条 用人单位与劳动者应当按照劳动合同的约定，全面履行各自的义务。

第三十三条 用人单位变更名称、法定代表人、主要负责人或者投资人等事项，不影响劳动合同的履行。

第三十四条 用人单位发生合并或者分立等情况，原劳动合同继续有效，劳动合同由承继其权利和义务的用人单位继续履行。

第三十五条 用人单位与劳动者协商一致，可以变更劳动合同约定的内容。变更劳动合同，应当采用书面形式。

变更后的劳动合同文本由用人单位和劳动者各执一份。

9. 农民工辞职或被辞退应当注意哪些问题？

典型案例

刘某和李某为同乡，均在开远公司务工，劳动合同期限为2019年6月至2021年6月。其间，两人在开远公司位于浉河区的项目工地从事木工工作。2021年1月，刘某被公司辞退，经老乡介绍，欲前往一家建筑公司工作。同年2月，李某由于开远公司连续3个月拖欠工资便准备提出辞职。那么，刘某与李某在辞职或被辞退时，应当注意哪些问题呢？

以案普法

无论是辞职还是辞退，都是劳动关系的解除，根据《劳动合同法》的规定，劳动关系的解除方式主要有协商解除、劳动者提前通知解除、劳动者单方解除、用人单位单方解除、用人单位提前通知解除、经济性裁员6种。我们常说的“辞职”一般是指劳动者提出的协商解除、劳动者提前通知解除或者劳动者单方解除；“辞退”则是指用人单位单方解除、用人单位提前通知解除或者经济性裁员。

劳动者在向单位“辞职”时，可以通过协商一致或提前30日以书面形式通知用人单位的方式解除劳动合同。当然，如果用人单位存在《劳动合同法》第38条的情形，即用人单位存在违约或违法情形时，劳动者有权单方面要求解除劳动合同，并有权要求支付经济补偿金。

用人单位“辞退”劳动者时，应当严格遵守《劳动合同法》的规定，当劳动者存在《劳动合同法》第39条的重大过错行为时，用人单位可以予以辞退，并且不需要支付经济补偿金。除此之外，当劳动者存在《劳动合同法》第40条的情况，不能胜任工作安排或因重大变化客观上无法履职时，用人单位可以提前30日以书面形式通知劳动者本人，或者在额外支付劳动者1个月工资后，解除劳动合同。当然，在这种情况下，公司需要支付经济补偿金。经济性裁员应当按照《劳动合同法》第41条的规定，依照相应程序进行，用人单位在依照《企业破产法》规定重整而进行经济性裁员的情况下，也应当向劳动者支付经济补偿金。但是，如果劳动者存在《劳动合同法》第42条之规定情况，用人单位不得解除劳动合同。

经济补偿金的计算，应按劳动者在本单位工作的年限，每满1年支付1个月工资的标准向劳动者支付。6个月以上不满1年的，按1年计算；不满6个月的，向劳动者支付半个月工资的经济补偿。用人单位违反《劳动合同法》的规定解除或者终止劳动合同，劳动者有要求用人单位继续履行劳动合同的权利；劳动者不要求继续履行劳动合同或者劳动合同已经不能继续履行的，用人单位应当按照经济补偿标准的2倍向劳动者支付赔偿金。

除此之外，在劳动者“辞职”或“被辞退”后，用人单位应当按照《劳动合同法》第50条第1款的规定，出具解除或者终止劳动合同的证明，并在15日内为劳动者办理档案和社会保险关系转移手续。

法律依据

《中华人民共和国劳动合同法》

第三十六条　用人单位与劳动者协商一致，可以解除劳动合同。

第三十七条　劳动者提前三十日以书面形式通知用人单位，可以解除劳动合同。劳动者在试用期内提前三日通知用人单位，可以解除劳动合同。

第三十八条　用人单位有下列情形之一的，劳动者可以解除劳动合同：

（一）未按照劳动合同约定提供劳动保护或者劳动条件的；

（二）未及时足额支付劳动报酬的；

（三）未依法为劳动者缴纳社会保险费的；

（四）用人单位的规章制度违反法律、法规的规定，损害劳动者权益的；

（五）因本法第二十六条第一款规定的情形致使劳动合同无效的；

（六）法律、行政法规规定劳动者可以解除劳动合同的其他情形。

用人单位以暴力、威胁或者非法限制人身自由的手段强迫劳动者劳动的，或者用人单位违章指挥、强令冒险作业危及劳动者人身安全的，劳动者可以立即解除劳动合同，不需事先告知用人单位。

第三十九条 劳动者有下列情形之一的，用人单位可以解除劳动合同：

（一）在试用期间被证明不符合录用条件的；

（二）严重违反用人单位的规章制度的；

（三）严重失职，营私舞弊，给用人单位造成重大损害的；

（四）劳动者同时与其他用人单位建立劳动关系，对完成本单位的工作任务造成严重影响，或者经用人单位提出，拒不改正的；

（五）因本法第二十六条第一款第一项规定的情形致使劳动合同无效的；

（六）被依法追究刑事责任的。

第四十条 有下列情形之一的，用人单位提前三十日以书面形式通知劳动者本人或者额外支付劳动者一个月工资后，可以解除劳动合同：

（一）劳动者患病或者非因工负伤，在规定的医疗期满后不能从事原工作，也不能从事由用人单位另行安排的工作的；

（二）劳动者不能胜任工作，经过培训或者调整工作岗位，仍不能胜任工作的；

（三）劳动合同订立时所依据的客观情况发生重大变化，致使劳动合同无法履行，经用人单位与劳动者协商，未能就变更劳动合同内容达成协议的。

第四十一条 有下列情形之一，需要裁减人员二十人以上或者裁减不足二十人但占企业职工总数百分之十以上的，用人单位提前三十日向工会或者全体职工说明情况，听取工会或者职工的意见后，裁减人员方案经向劳动行政部门报告，可以裁减人员：

（一）依照企业破产法规定进行重整的；

（二）生产经营发生严重困难的；

（三）企业转产、重大技术革新或者经营方式调整，经变更劳动合同后，仍需裁减人员的；

（四）其他因劳动合同订立时所依据的客观经济情况发生重大变化，致使劳动合同无法履行的。

裁减人员时，应当优先留用下列人员：

（一）与本单位订立较长期限的固定期限劳动合同的；

（二）与本单位订立无固定期限劳动合同的；

（三）家庭无其他就业人员，有需要扶养的老人或者未成年人的。

用人单位依照本条第一款规定裁减人员，在六个月内重新招用人员的，应当通知被裁减的人员，并在同等条件下优先招用被裁减的人员。

第四十二条 劳动者有下列情形之一的，用人单位不得依照本法第四十条、第四十一条的规定解除劳动合同：

（一）从事接触职业病危害作业的劳动者未进行离岗

前职业健康检查，或者疑似职业病病人在诊断或者医学观察期间的；

（二）在本单位患职业病或者因工负伤并被确认丧失或者部分丧失劳动能力的；

（三）患病或者非因工负伤，在规定的医疗期内的；

（四）女职工在孕期、产期、哺乳期的；

（五）在本单位连续工作满十五年，且距法定退休年龄不足五年的；

（六）法律、行政法规规定的其他情形。

第四十六条 有下列情形之一的，用人单位应当向劳动者支付经济补偿：

（一）劳动者依照本法第三十八条规定解除劳动合同的；

（二）用人单位依照本法第三十六条规定向劳动者提出解除劳动合同并与劳动者协商一致解除劳动合同的；

（三）用人单位依照本法第四十条规定解除劳动合同的；

（四）用人单位依照本法第四十一条第一款规定解除劳动合同的；

（五）除用人单位维持或者提高劳动合同约定条件续订劳动合同，劳动者不同意续订的情形外，依照本法第四十四条第一项规定终止固定期限劳动合同的；

（六）依照本法第四十四条第四项、第五项规定终止劳动合同的；

（七）法律、行政法规规定的其他情形。

第四十七条　经济补偿按劳动者在本单位工作的年限，每满一年支付一个月工资的标准向劳动者支付。六个月以上不满一年的，按一年计算；不满六个月的，向劳动者支付半个月工资的经济补偿。

劳动者月工资高于用人单位所在直辖市、设区的市级人民政府公布的本地区上年度职工月平均工资三倍的，向其支付经济补偿的标准按职工月平均工资三倍的数额支付，向其支付经济补偿的年限最高不超过十二年。

本条所称月工资是指劳动者在劳动合同解除或者终止前十二个月的平均工资。

第四十八条　用人单位违反本法规定解除或者终止劳动合同，劳动者要求继续履行劳动合同的，用人单位应当继续履行；劳动者不要求继续履行劳动合同或者劳动合同已经不能继续履行的，用人单位应当依照本法第八十七条规定支付赔偿金。

第五十条　用人单位应当在解除或者终止劳动合同时出具解除或者终止劳动合同的证明，并在十五日内为劳动者办理档案和社会保险关系转移手续。

劳动者应当按照双方约定，办理工作交接。用人单位依照本法有关规定应当向劳动者支付经济补偿的，在办结工作交接时支付。

用人单位对已经解除或者终止的劳动合同的文本，至少保存二年备查。

第八十七条 用人单位违反本法规定解除或者终止劳动合同的，应当依照本法第四十七条规定的经济补偿标准的二倍向劳动者支付赔偿金。

10. 用人单位在什么情况下应当与劳动者签订无固定期限劳动合同？

典型案例

2009年，李某辍学后进城务工，某公司以临时工形式将李某招入，从事门卫工作。用工期间双方始终未签订书面劳动（用工）合同。2022年，李某向公司提出要求签订无固定期限劳动合同并补缴社保，被公司拒绝。在此情况下，李某是否有权要求与公司签订无固定期限劳动合同？

以案普法

劳动合同分为固定期限劳动合同、无固定期限劳动合同和以完成一定工作任务为期限的劳动合同。无固定期限劳动合同，是指用人单位与劳动者约定无确定终止时间的劳动合同，根据《劳动合同法》第14条第2款、第3款的规定："……有下列情形之一，劳动者提出或者同意续订、订立劳动合同的，除劳动者提出订立固定期限劳动合同外，应当订立无固定期限劳动合同：（一）劳动者在该用人单位连续工作满十年的；……用人单位自用工之日起满一年不与劳动者订立书面劳动合同的，视为用人单位与劳动者已订立无固定期限劳动合同。”

也就是说，只要劳动者满足以上条件，并提出续签无固定期限劳动合同的要求，用人单位就应当与劳动者签订无固定期限劳动合同。《劳动合同法》只赋予劳动者一方在满足一定条件下选择与用人单位签订无固定期限劳动合同的权利。这一规定的目的在于，一是督促用人单位及时与劳动者签订书面的劳动合同，规范用人单位的用工方式；二是这一类的劳动者一般在用人单位工作多年，具备一定的职业技能，若法律不予以特殊保护，被用人单位随意解雇后很有可能会因难以学习新技术而被社会淘汰，影响劳动关系的稳定性。当然，无固定期限劳动合同并非不能解除，用人单位可以通过过错性辞退、经济性裁员等方式，与劳动者解除劳动关系。

由此可见，劳动者在符合上述法定条件时，享有选择与用人单位签订无固定期限劳动合同的权利。用人单位在劳动者提出要求时，就应当与劳动者签订无固定期限劳动合同，否则应当按照《劳动合同法》第 82 条的规定向劳动者支付 2 倍工资。本案中，李某已在公司工作超过 10 年，并且始终未签订书面的劳动合同，按照《劳动合同法》第 14 条第 2 款第 1 项的规定，其有权要求单位与自己签订无固定期限劳动合同。

法律依据

《中华人民共和国劳动合同法》

第十二条 劳动合同分为固定期限劳动合同、无固定期限劳动合同和以完成一定工作任务为期限的劳动合同。

第十四条 无固定期限劳动合同，是指用人单位与劳动者约定无确定终止时间的劳动合同。

用人单位与劳动者协商一致，可以订立无固定期限劳动合同。有下列情形之一，劳动者提出或者同意续订、订立劳动合同的，除劳动者提出订立固定期限劳动合同外，应当订立无固定期限劳动合同：

（一）劳动者在该用人单位连续工作满十年的；

（二）用人单位初次实行劳动合同制度或者国有企业改制重新订立劳动合同时，劳动者在该用人单位连续工作满十年且距法定退休年龄不足十年的；

（三）连续订立二次固定期限劳动合同，且劳动者没有本法第三十九条和第四十条第一项、第二项规定的情形，续订劳动合同的。

用人单位自用工之日起满一年不与劳动者订立书面劳动合同的，视为用人单位与劳动者已订立无固定期限劳动合同。

第八十二条　用人单位自用工之日起超过一个月不满一年未与劳动者订立书面劳动合同的，应当向劳动者每月支付二倍的工资。

用人单位违反本法规定不与劳动者订立无固定期限劳动合同的，自应当订立无固定期限劳动合同之日起向劳动者每月支付二倍的工资。

11. 未成年人自行与用人单位签订的劳动合同是否有效?

典型案例

小潘（16 岁）与小郭（15 岁）辍学后，经老乡介绍共同到金泰公司的项目工地打工，由于小郭未满 16 周岁，于是在老乡的建议下借用他人的身份证办理了入职手续，小潘则使用自己的身份证办理了入职手续。工作 7 天后，公司以小潘、小郭系未成年人为由，主张双方签订的劳动合同无效。就本案来看，未成年人自行与用人单位签订的劳动合同是否有效?

以案普法

国家依法保护未成年人的权益，未成年人与用人单位之间签订的劳动合同并不是当然无效的，需要参考未成年人的年龄、企业性质、工种等因素，综合确认劳动合同的效力。

从未成年人的年龄来说，任何组织或者个人不得招用未满16周岁的未成年人。16周岁以下的用工属于我们通常所说的“童工”，企业严禁招用“童工”。只有根据《劳动法》第15条规定，文艺、体育和特种工艺单位可以在遵守国家有关规定的基础上招用未满16周岁的未成年人，但是必须征得监护人的同意并保障未成年人接受义务教育的权利，如运动员。因此，16周岁以下的未成年人自行与用人单位签订的劳动合同是当然无效的。

年满16周岁未满18周岁的劳动者为“未成年工”，企业可以根据用工性质，在遵守《未成年工特殊保护规定》的基础上合理用工。《民法典》第18条第2款规定：“十六周岁以上的未成年人，以自己的劳动收入为主要生活来源的，视为完全民事行为能力人。”因此，未成年工与用人单位签订的劳动合同有效，同时用人单位应当为未成年工提供特殊保护。

《禁止使用童工规定》第4条明确规定了企业在招工时具有审查被招用人员身份的责任，“用人单位招用人员时，必须核查被招用人员的身份证；对不满16周岁的未成年人，一律不得录用”。企业非法招用未满16周岁的未成年人的，应当按照《劳动法》第94条之规定，承担法律责任。

就本案来说，小潘年满16周岁，他与金泰公司签订的劳动合同是有效的，公司以小潘系未成年人为由主张劳动合同无效没有法律依据；小郭 15 周岁，与金泰公司签订的劳动合同确属无效，但公司在办理入职手续时没有仔细核查小郭的身份证件，为小郭办理了入职手续并用工 7 天，应当承担非法用工的法律责任。

法律依据

《中华人民共和国未成年人保护法》

第六十一条　任何组织或者个人不得招用未满十六周岁未成年人，国家另有规定的除外。

营业性娱乐场所、酒吧、互联网上网服务营业场所等不适宜未成年人活动的场所不得招用已满十六周岁的未成年人。

招用已满十六周岁未成年人的单位和个人应当执行国家在工种、劳动时间、劳动强度和保护措施等方面的规定，不得安排其从事过重、有毒、有害等危害未成年人身心健康的劳动或者危险作业。

任何组织或者个人不得组织未成年人进行危害其身心健康的表演等活动。经未成年人的父母或者其他监护人同意，未成年人参与演出、节目制作等活动，活动组织方应当根据国家有关规定，保障未成年人合法权益。

第一百二十五条　违反本法第六十一条规定的，由文化和旅游、人力资源和社会保障、市场监督管理等部门按照职责分工责令限期改正，给予警告，没收违法所得，可以并处十万元以下罚款；拒不改正或者情节严重的，责令停产停业或者吊销营业执照、吊销相关许可证，并处十万元以上一百万元以下罚款。

《中华人民共和国劳动法》

第十五条 禁止用人单位招用未满十六周岁的未成年人。

文艺、体育和特种工艺单位招用未满十六周岁的未成年人，必须遵守国家有关规定，并保障其接受义务教育的权利。

第五十八条 国家对女职工和未成年工实行特殊劳动保护。

未成年工是指年满十六周岁未满十八周岁的劳动者。

第六十四条 不得安排未成年工从事矿山井下、有毒有害、国家规定的第四级体力劳动强度的劳动和其他禁忌从事的劳动。

第六十五条 用人单位应当对未成年工定期进行健康检查。

第九十四条 用人单位非法招用未满十六周岁的未成年人的，由劳动行政部门责令改正，处以罚款；情节严重的，由市场监督管理部门吊销营业执照。

《中华人民共和国民法典》

第十八条 成年人为完全民事行为能力人，可以独立实施民事法律行为。

十六周岁以上的未成年人，以自己的劳动收入为主要生活来源的，视为完全民事行为能力人。

《禁止使用童工规定》

第四条　用人单位招用人员时，必须核查被招用人员的身份证；对不满16周岁的未成年人，一律不得录用。用人单位录用人员的录用登记、核查材料应当妥善保管。

12. 用人单位在试用期内与劳动者解除劳动合同，是否需要支付经济补偿？

典型案例

王某进城务工，通过了华乐公司的面试，于2020年3月26日与华乐公司签订劳动合同，劳动合同期限为2020年3月26日至2022年3月25日，试用期2个月。试用期内，王某按照公司要求，参与岗前培训并出色完成了岗位工作。但试用期临近期满，华乐公司并未按照劳动合同的约定为王某办理转正手续，反而以公司生产经营调整、王某所在岗位裁撤为由，向王某发出了解除劳动合同的通知。王某要求华乐公司支付经济补偿金，公司以王某尚在试用期为由拒绝。就本案来说，用人单位在试用期内与劳动者解除劳动合同的，是否需要向劳动者支付经济补偿？

以案普法

虽然试用期有着用人单位对劳动者能否胜任工作岗位进行考核的意义，但试用期内的劳动合同仍然不能被任意解除。根据《劳动合同法》第 21 条的规定，在试用期中，除劳动者有该法第 39 条和第 40 条第 1 项、第 2 项规定的情形，即劳动者存在严重过错或者不能胜任岗位工作要求的情况外，用人单位不得随意解除劳动合同。否则，应当向劳动者支付经济补偿金或赔偿金。

试用期内劳动合同的解除，也应当按照《劳动合同法》的相关规定进行。根据《劳动合同法》第 39 条第 1 项的规定，劳动者在试用期内被证明不符合录用条件的情况下，用人单位可以解除合同，此时，用人单位不需要向劳动者支付经济补偿金。

但就本案来说，华乐公司因生产经营调整、岗位裁撤属于《劳动合同法》第 40 条第 3 项的“劳动合同订立时所依据的客观情况发生重大变化，致使劳动合同无法履行，经用人单位与劳动者协商，未能就变更劳动合同内容达成协议”的情况，是《劳动合同法》第 21 条规定的不得任意解除劳动合同的情形。在这种情况下，公司提出解除劳动合同的，应当提前 30 天通知或者向劳动者额外支付 1 个月的工资，同时还应当按照《劳动合同法》第 46 条的规定支付经济补偿金。

本案中，华乐公司以王某尚在试用期为由，既不提前通知也不支付经济补偿金，违法解除劳动合同。王某有权要求公司继续履行劳动合同，或者依据《劳动合同法》第87条的规定要求公司按照经济补偿标准的2倍支付赔偿金。

法律依据

《中华人民共和国劳动合同法》

第二十一条　在试用期中，除劳动者有本法第三十九条和第四十条第一项、第二项规定的情形外，用人单位不得解除劳动合同。用人单位在试用期解除劳动合同的，应当向劳动者说明理由。

第三十九条　劳动者有下列情形之一的，用人单位可以解除劳动合同：

（一）在试用期间被证明不符合录用条件的；

（二）严重违反用人单位的规章制度的；

（三）严重失职，营私舞弊，给用人单位造成重大损害的；

（四）劳动者同时与其他用人单位建立劳动关系，对完成本单位的工作任务造成严重影响，或者经用人单位提出，拒不改正的；

（五）因本法第二十六条第一款第一项规定的情形致使劳动合同无效的；

（六）被依法追究刑事责任的。

第四十条 有下列情形之一的，用人单位提前三十日以书面形式通知劳动者本人或者额外支付劳动者一个月工资后，可以解除劳动合同：

（一）劳动者患病或者非因工负伤，在规定的医疗期满后不能从事原工作，也不能从事由用人单位另行安排的工作的；

（二）劳动者不能胜任工作，经过培训或者调整工作岗位，仍不能胜任工作的；

（三）劳动合同订立时所依据的客观情况发生重大变化，致使劳动合同无法履行，经用人单位与劳动者协商，未能就变更劳动合同内容达成协议的。

第四十六条 有下列情形之一的，用人单位应当向劳动者支付经济补偿：

（一）劳动者依照本法第三十八条规定解除劳动合同的；

（二）用人单位依照本法第三十六条规定向劳动者提出解除劳动合同并与劳动者协商一致解除劳动合同的；

（三）用人单位依照本法第四十条规定解除劳动合同的；

（四）用人单位依照本法第四十一条第一款规定解除劳动合同的；

（五）除用人单位维持或者提高劳动合同约定条件续

订劳动合同，劳动者不同意续订的情形外，依照本法第四十四条第一项规定终止固定期限劳动合同的；

（六）依照本法第四十四条第四项、第五项规定终止劳动合同的；

（七）法律、行政法规规定的其他情形。

第四十八条 用人单位违反本法规定解除或者终止劳动合同，劳动者要求继续履行劳动合同的，用人单位应当继续履行；劳动者不要求继续履行劳动合同或者劳动合同已经不能继续履行的，用人单位应当依照本法第八十七条规定支付赔偿金。

第八十七条 用人单位违反本法规定解除或者终止劳动合同的，应当依照本法第四十七条规定的经济补偿标准的二倍向劳动者支付赔偿金。

13. 女职工试用期内怀孕的，用人单位能否解除劳动合同？

典型案例

小田到某皮具加工厂求职，面试时，人事主管询问了小田的婚姻状况和生育计划，并以工厂岗位工作强度大为由，要求小田在劳动合同期间不得生育，小田表示同意。小田通过面试后，在 2022 年 6 月与工厂签订劳动合同，劳动合同期限 2 年，试用期 2 个月。入职 1 个月后，在工厂职工体检中，小田被检查出怀孕，工厂随即通知小田解除劳动合同。因此，双方发生劳动争议，小田向劳动仲裁部门提出仲裁申请，要求工厂继续履行劳动合同。就本案来说，女职工试用期内怀孕的，用人单位能否解除劳动合同？

以案普法

女职工是女性社会属性的一部分，女性具有生理的特殊性，而无论是从社会人伦还是人类长远发展的角度看，女性的生育权都应当被尊重和保护，女职工在孕期享有更全面的劳动者权益保护。《劳动合同法》第 42 条明确规定，女职工在孕期、产期、哺乳期的，用人单位不得以无过错性辞退或者经济性裁员的方式解除劳动合同。

也就是说，当女职工怀孕时，无论其是否在试用期，只有存在《劳动合同法》第 39 条所列 6 种情形时，用人单位才可以解除劳动合同。这 6 种情形是：在试用期间被证明不符合录用条件的；严重违反用人单位的规章制度的；严重失职，营私舞弊，给用人单位造成重大损害的；劳动者同时与其他用人单位建立劳动关系，对完成本单位的工作任务造成严重影响，或者经用人单位提出，拒不改正的；以欺诈、胁迫的手段或者乘人之危，使用人单位在违背真实意思的情况下订立或者变更劳动合同，致使劳动合同无效的；被依法追究刑事责任的。

当然，用人单位也不得以任何理由限制女职工在职期间生育，更不能在签订劳动合同时附加不得生育条款，即使劳动者同意，这样的条款也是无效的。

就本案来说，工厂在面试时提出小田在劳动合同期间不得生育的要求即属违法，即使小田表示同意，工厂也不得以小田怀孕为由解除劳动合同。小田有权按照《劳动合同法》第48条的规定，要求用人单位继续履行劳动合同或者要求用人单位依照《劳动合同法》第87条规定支付赔偿金。

法律依据

《中华人民共和国劳动合同法》

第二十六条 下列劳动合同无效或者部分无效：

（一）以欺诈、胁迫的手段或者乘人之危，使对方在违背真实意思的情况下订立或者变更劳动合同的；

（二）用人单位免除自己的法定责任、排除劳动者权利的；

（三）违反法律、行政法规强制性规定的。

对劳动合同的无效或者部分无效有争议的，由劳动争议仲裁机构或者人民法院确认。

第三十九条 劳动者有下列情形之一的，用人单位可以解除劳动合同：

（一）在试用期间被证明不符合录用条件的；

（二）严重违反用人单位的规章制度的；

（三）严重失职，营私舞弊，给用人单位造成重大损害的；

（四）劳动者同时与其他用人单位建立劳动关系，对完成本单位的工作任务造成严重影响，或者经用人单位提出，拒不改正的；

（五）因本法第二十六条第一款第一项规定的情形致使劳动合同无效的；

（六）被依法追究刑事责任的。

第四十二条 劳动者有下列情形之一的，用人单位不得依照本法第四十条、第四十一条的规定解除劳动合同：

……

（四）女职工在孕期、产期、哺乳期的；

……

第四十八条 用人单位违反本法规定解除或者终止劳动合同，劳动者要求继续履行劳动合同的，用人单位应当继续履行；劳动者不要求继续履行劳动合同或者劳动合同已经不能继续履行的，用人单位应当依照本法第八十七条规定支付赔偿金。

第八十七条 用人单位违反本法规定解除或者终止劳动合同的，应当依照本法第四十七条规定的经济补偿标准的二倍向劳动者支付赔偿金。

第二章

社会保险与工伤认定

1. 用人单位是否应当为农民工缴纳社会保险？

典型案例

张某毕业后，从农村到城市务工，进入一家鞋业公司工作。双方签订正式劳动合同，期限1年，工资为底薪3000元加奖金，但鞋业公司没有为张某缴纳社会保险，张某提出疑问。在此情况下，公司是否应当为农民工张某缴纳社会保险？

以案普法

只要劳动者满足法定条件，用人单位就负有依法为劳动者缴纳社会保险的法定义务。

根据《劳动法》第72条规定，用人单位和劳动者必须依法参加社会保险，缴纳社会保险费。同时，《社会保险法》第58条第1款规定："用人单位应当自用工之日起三十日内为其职工向社会保险经办机构申请办理社会保险登记。未办理社会保险登记的，由社会保险经办机构核定其应缴纳的社会保险费。"用人单位无故不缴纳社会保险费的，应当按照《劳动法》第100条的规定，由劳动行政部门责令其限期缴纳；逾期不缴的，可以加收滞纳金。

法律依据

《中华人民共和国劳动法》

第七十二条 社会保险基金按照保险类型确定资金来源，逐步实行社会统筹。用人单位和劳动者必须依法参加社会保险，缴纳社会保险费。

第一百条 用人单位无故不缴纳社会保险费的，由劳动行政部门责令其限期缴纳；逾期不缴的，可以加收滞纳金。

《中华人民共和国社会保险法》

第五十八条 用人单位应当自用工之日起三十日内为其职工向社会保险经办机构申请办理社会保险登记。未办理社会保险登记的，由社会保险经办机构核定其应当缴纳的社会保险费。

自愿参加社会保险的无雇工的个体工商户、未在用人单位参加社会保险的非全日制从业人员以及其他灵活就业人员，应当向社会保险经办机构申请办理社会保险登记。

国家建立全国统一的个人社会保障号码。个人社会保障号码为公民身份号码。

2. 农民工书面放弃用人单位为自己缴纳社会保险的承诺是否有效？

典型案例

王某离开农村外出务工，入职一家小家电公司工作，双方签订了劳动合同，合同期限1年，双方约定，王某提交书面申请书，载明：小家电公司已尽到督促各员工参保各项社会保险并提交相关材料的义务，本人经慎重考虑，决定不参加社会保险并希望小家电公司将社会保险费用同工资一同发放给本人，因此产生的风险及后果由本人承担。小家电公司同意王某的书面申请，未为王某办理各项社会保险。

工作期间，王某因操作不当造成左手被电击伤，左手拇指截肢，经认定为工伤。治疗花费16500元，因王某未参保工伤保险，社会保险基金无法报销相关费用。之后，王某申请劳动仲裁，要求小家电公司承担医疗费16500元，医疗期间工资6800元，医疗补助费12000元。劳动争议仲裁委员会裁决小家电公司向王某支付医疗费16500元，病假期间工资4300元。小家电公司不服仲裁裁决，认为王某自愿放弃缴纳社会保险并承诺承担一切风险，且公司已经向王某支付了社保补贴，不应该承担王某的医疗费用；同时，王某在医疗期满后未回公司上班，应视为自动离职，无须支付病假工资。小家电公司以此提起诉讼，请求法院予以支持。

一审法院审理后，判决扣除小家电公司发放给王某的社保补贴830元，驳回小家电公司的其他诉请，维持了劳动争议仲裁委员会的裁决，小家电公司不服一审判决提起上诉，二审法院审理后维持一审判决。

以案普法

为劳动者缴纳社会保险是用人单位的法定义务，属于法律的强制性规定，任何单位和个人不得以任何形式免除该项义务。用人单位与劳动者以协议方式或书面承诺方式约定劳动者“自愿申请”不参加医疗、养老等社会保险，将应缴纳的保险费用计入工资发放的，违反了法律的强制性规定，应当认定无效，由此给劳动者造成的医疗、养老等损失应由用人单位承担赔偿责任。

在司法实践中，认定双方以协议方式不参加社会保险的行为是否有效的问题，应当注意以下两点：

（1）用人单位负有为劳动者办理社会保险的法定义务。根据《劳动法》第72条之规定，用人单位和劳动者必须依法参加社会保险，缴纳社会保险费。同时，《社会保险法》第58条第1款规定：“用人单位应当自用工之日起三十日内为其职工向社会保险经办机构申请办理社会保险登记。未办理社会保险登记的，由社会保险经办机构核定其应当缴纳的社会保险费。”由此可知，社会保险制度作为一项经济、社会制度，牵动着整个国家改革、发展、稳定的大局，更关系着广大人民群众的根本利益。为劳动者缴纳社会保险是用人单位的法定义务，属于法律强制性规定，不得以任何形式免除该项义务。因此，用人单位与劳动者约定或者劳动者自愿放弃参加社会保险的行为，违反了该强制性规定，应当认定为无效。

（2）用人单位未为劳动者缴纳社会保险，由此给劳动者造成的医疗损失应由用人单位承担。基于社会保险的强制性特征，社会保险依法在全社会范围内执行，并不是订立协议的双方当事人所能协商决定的。正是由于用人单位和劳动者参加社会保险的强制性，决定了任何单位、任何个人不得以任何形式和任何理由对社会保险进行减免。在用人单位和劳动者之间，用人单位明显处于强势地位，即使劳动者提出并承诺自愿放弃缴纳社会保险，用人单位也完全可以利用其强势地位避免不参加社会保险情况的发生。用人单位既未起到督促劳动者参加社会保险的作用，亦未为劳动者缴纳社会保险费，存在过错，因此使劳动者遭受经济损失的，用人单位应当承担相应的赔偿责任。

因此，本案中小家电公司虽然取得了王某的书面申请和承诺，但是无法免除社会保险缴纳义务，小家电公司存在过错。王某的书面承诺因违反法律强制性规定而无效。

法律依据

《中华人民共和国劳动法》

第七十二条 社会保险基金按照保险类型确定资金来源，逐步实行社会统筹。用人单位和劳动者必须依法参加社会保险，缴纳社会保险费。

《中华人民共和国社会保险法》

第四十一条 职工所在用人单位未依法缴纳工伤保险费，发生工伤事故的，由用人单位支付工伤保险待遇。用人单位不支付的，从工伤保险基金中先行支付。

从工伤保险基金中先行支付的工伤保险待遇应当由用人单位偿还。用人单位不偿还的，社会保险经办机构可以依照本法第六十三条的规定追偿。

第五十八条 用人单位应当自用工之日起三十日内为其职工向社会保险经办机构申请办理社会保险登记。未办理社会保险登记的，由社会保险经办机构核定其应当缴纳的社会保险费。

自愿参加社会保险的无雇工的个体工商户、未在用人单位参加社会保险的非全日制从业人员以及其他灵活就业人员，应当向社会保险经办机构申请办理社会保险登记。

国家建立全国统一的个人社会保障号码。个人社会保障号码为公民身份号码。

3. 农民工在农村缴纳的基本养老保险与用人单位缴纳的基本养老保险如何衔接？

典型案例

张某今年42岁，在农村老家时已经缴纳城乡居民基本养老保险12年，自2019年外出务工后，在一家纺织企业工作已经3年时间，用人单位为张某购买了城镇职工基本养老保险，现张某辞去工作回到农村。张某要求用人单位将为他缴纳的城镇职工基本养老保险并入他在农村老家缴纳的城乡居民基本养老保险中，遭单位拒绝，与用人单位发生纠纷。

以案普法

就张某需要解决的将参加城镇职工基本养老保险（以下简称城镇职工养老保险）与城乡居民基本养老保险（以下简称城乡居民养老保险）衔接的问题，人力资源和社会保障部、财政部于2014年2月24日专门出台了《城乡养老保险制度衔接暂行办法》，自2014年7月1日起施行。该暂行办法依据《社会保险法》和《实施〈中华人民共和国社会保险法〉若干规定》（人力资源和社会保障部令第13号）制定，目的在于解决城乡养老保险制度衔接问题，维护参保人员的养老保险权益。

根据暂行办法第2条规定，该暂行办法适用于参加城镇职工养老保险、城乡居民养老保险两种制度需要办理衔接手续的人员。已经按照国家规定领取养老保险待遇的人员，不再办理城乡养老保险制度衔接手续。根据暂行办法第3条规定，办理两种养老保险制度衔接的时间节点为“达到法定退休年龄”。根据暂行办法第6条规定，参保人员从城镇职工养老保险转入城乡居民养老保险的，城镇职工养老保险个人账户全部储存额并入城乡居民养老保险个人账户，参加城镇职工养老保险的缴费年限合并计算为城乡居民养老保险的缴费年限。

张某在达到退休年龄时可以申请办理养老金衔接手续。基于张某缴纳养老金的情况，如果张某一直在城镇务工并缴纳城镇职工养老保险，缴纳满15年可以在务工所在地城镇申请办理退休衔接手续，将在农村缴纳的城乡居民养老保险并入城镇职工养老保险中，享受退休待遇。如果张某回到农村务农，在达到退休年龄后可以在户籍所在地申请办理养老保险衔接手续，将在城镇缴纳的职工养老保险并入城乡居民养老保险中，享受退休待遇。

法律依据

《城乡养老保险制度衔接暂行办法》

第二条 本办法适用于参加城镇职工基本养老保险（以下简称城镇职工养老保险）、城乡居民基本养老保险

(以下简称城乡居民养老保险）两种制度需要办理衔接手续的人员。已经按照国家规定领取养老保险待遇的人员，不再办理城乡养老保险制度衔接手续。

第三条　参加城镇职工养老保险和城乡居民养老保险人员，达到城镇职工养老保险法定退休年龄后，城镇职工养老保险缴费年限满 15 年（含延长缴费至 15 年）的，可以申请从城乡居民养老保险转入城镇职工养老保险，按照城镇职工养老保险办法计发相应待遇；城镇职工养老保险缴费年限不足 15 年的，可以申请从城镇职工养老保险转入城乡居民养老保险，待达到城乡居民养老保险规定的领取条件时，按照城乡居民养老保险办法计发相应待遇。

第四条　参保人员需办理城镇职工养老保险和城乡居民养老保险制度衔接手续的，先按城镇职工养老保险有关规定确定待遇领取地，并将城镇职工养老保险的养老保险关系归集至待遇领取地，再办理制度衔接手续。

参保人员申请办理制度衔接手续时，从城乡居民养老保险转入城镇职工养老保险的，在城镇职工养老保险待遇领取地提出申请办理；从城镇职工养老保险转入城乡居民养老保险的，在转入城乡居民养老保险待遇领取地提出申请办理。

第五条　参保人员从城乡居民养老保险转入城镇职工养老保险的，城乡居民养老保险个人账户全部储存额并入城镇职工养老保险个人账户，城乡居民养老保险缴费年限不合并计算或折算为城镇职工养老保险缴费年限。

第六条 参保人员从城镇职工养老保险转入城乡居民养老保险的，城镇职工养老保险个人账户全部储存额并入城乡居民养老保险个人账户，参加城镇职工养老保险的缴费年限合并计算为城乡居民养老保险的缴费年限。

4. 用人单位未为农民工购买医疗保险，农民工生病支付的医药费，能否要求用人单位承担？

典型案例

张某离开农村到浙江一家电子厂打工，但电子厂未给张某购买医疗保险。后张某非工伤意外生病住院，经治疗，花费医药费等共计26000多元，由于电子厂未为张某购买医疗保险，导致应当报销的医药费无法报销，全部由张某承担。在这种情况下，张某能否向电子厂主张权利？如果能，应如何主张？

以案普法

农民工所在的用人单位没有为农民工缴纳医疗保险费用的，无论是发生工伤应当享受的工伤保险待遇，还是患病住院应当享有的医疗保险待遇，均应当依法由本应为农民工办理参保手续、缴纳社会保险费用的用人单位承担。

本案中，正是因为电子厂没有为张某购买医疗保险，才导致张某在住院治疗后无法享受医疗保险待遇。《社会保险法》第 2 条明确规定："国家建立基本养老保险、基本医疗保险、工伤保险、失业保险、生育保险等社会保险制度，保障公民在年老、疾病、工伤、失业、生育等情况下依法从国家和社会获得物质帮助的权利。"同时，第 23 条规定："职工应当参加职工基本医疗保险，由用人单位和职工按照国家规定共同缴纳基本医疗保险费。无雇工的个体工商户、未在用人单位参加职工基本医疗保险的非全日制从业人员以及其他灵活就业人员可以参加职工基本医疗保险，由个人按照国家规定缴纳基本医疗保险费。"按照该法第 28 条的规定，"符合基本医疗保险药品目录、诊疗项目、医疗服务设施标准以及急诊、抢救的医疗费用，按照国家规定从基本医疗保险基金中支付"。

在维权方式方面，根据《最高人民法院关于审理劳动争议案件适用法律问题的解释（一）》第 1 条第 5 项规定，劳动者以用人单位未为其办理社会保险手续，且社会保险经办机构不能补办导致其无法享受社会保险待遇为由，要求用人单位赔偿损失发生的纠纷，属于劳动争议，当事人可以向劳动争议仲裁委员会申请仲裁，不服劳动争议仲裁机构作出的裁决，依法提起诉讼的，法院应予受理。

据此可知，如果用人单位未依法为农民工办理基本医疗保险登记，致使农民工在遭遇疾病时无法享受医疗保险待遇，给农民工造成损失的，应当由用人单位对农民工因此产生的损失进行赔偿。需要明确的是，农民工主张权利的范围限于用人单位在医疗保险可报销范围内应当承担的部分，不在医保报销范围内的费用仍应由农民工自行承担。

法律依据

《中华人民共和国社会保险法》

第二条 国家建立基本养老保险、基本医疗保险、工伤保险、失业保险、生育保险等社会保险制度，保障公民在年老、疾病、工伤、失业、生育等情况下依法从国家和社会获得物质帮助的权利。

第二十三条 职工应当参加职工基本医疗保险，由用人单位和职工按照国家规定共同缴纳基本医疗保险费。

无雇工的个体工商户、未在用人单位参加职工基本医疗保险的非全日制从业人员以及其他灵活就业人员可以参加职工基本医疗保险，由个人按照国家规定缴纳基本医疗保险费。

第二十八条 符合基本医疗保险药品目录、诊疗项目、医疗服务设施标准以及急诊、抢救的医疗费用，按照国家规定从基本医疗保险基金中支付。

《最高人民法院关于审理劳动争议案件适用法律问题的解释（一）》

第一条 劳动者与用人单位之间发生的下列纠纷，属于劳动争议，当事人不服劳动争议仲裁机构作出的裁决，依法提起诉讼的，人民法院应予受理：

……

（五）劳动者以用人单位未为其办理社会保险手续，且社会保险经办机构不能补办导致其无法享受社会保险待遇为由，要求用人单位赔偿损失发生的纠纷；

……

5. 农民工失业后，可以享受失业保险待遇吗？

典型案例

2020 年 3 月，李某从山东老家到深圳一家制药厂务工，未签订书面劳动合同，制药厂也没有给李某办理社会保险。2022 年 6 月，制药厂因不景气进行裁员，李某第一批被裁掉，失去了工作，遂离职回山东老家务农。2022 年 11 月，李某向制药厂所在地劳动争议仲裁委员会申请仲裁，要求制药厂支付失业赔偿金及一次性生活补助费，但请求被驳回。李某不服裁决提起诉讼，请求法院依法判令制药厂赔付其失业保险待遇损失及一次性生活补助费。一审法院审理后判决支持李某一次性生活补助金的诉请，制药厂不服上诉，二审法院维持了原判。

以案普法

用人单位未同劳动者签订书面劳动合同不影响双方劳

动合同关系成立，根据《劳动合同法》规定，未签订劳动合同用工满1年应视为双方签订无固定期限的劳动合同。此时若用人单位主动解除劳动关系，劳动者符合失业保险的领取条件，用人单位应当支付其失业保险待遇损失。

失业保险是国家通过立法强制实行的，由社会集中建立基金，对因失业而暂时中断生活来源的劳动者提供物质帮助，进而保障失业人员失业期间的基本生活，促进其再就业的制度。根据《劳动合同法》第14条规定，劳动者在用人单位工作满1年，双方未签订劳动合同，视为用人单位与劳动者已订立无固定期限的劳动合同。根据《社会保险法》第44条、第45条、第46条规定，李某在制药厂工作两年多时间，且非本人意愿中断就业，缴纳社会保险是制药厂的法定义务。根据国务院《失业保险条例》的规定，用人单位应当履行缴纳失业保险的义务，如未缴纳失业保险导致劳动者无法领取失业保险金，应当向劳动者支付一定数额的生活补助金。因此，农民工失业后只要符合法律规定的条件就可以享受失业保险待遇。

法律依据

《中华人民共和国劳动合同法》

第十四条 无固定期限劳动合同，是指用人单位与劳动者约定无确定终止时间的劳动合同。

用人单位与劳动者协商一致，可以订立无固定期限劳动合同。有下列情形之一，劳动者提出或者同意续订、订立劳动合同的，除劳动者提出订立固定期限劳动合同外，应当订立无固定期限劳动合同：

（一）劳动者在该用人单位连续工作满十年的；

（二）用人单位初次实行劳动合同制度或者国有企业改制重新订立劳动合同时，劳动者在该用人单位连续工作满十年且距法定退休年龄不足十年的；

（三）连续订立二次固定期限劳动合同，且劳动者没有本法第三十九条和第四十条第一项、第二项规定的情形，续订劳动合同的。

用人单位自用工之日起满一年不与劳动者订立书面劳动合同的，视为用人单位与劳动者已订立无固定期限劳动合同。

《中华人民共和国社会保险法》

第四十四条　职工应当参加失业保险，由用人单位和职工按照国家规定共同缴纳失业保险费。

第四十五条　失业人员符合下列条件的，从失业保险基金中领取失业保险金：

（一）失业前用人单位和本人已经缴纳失业保险费满一年的；

（二）非因本人意愿中断就业的；

（三）已经进行失业登记，并有求职要求的。

第四十六条 失业人员失业前用人单位和本人累计缴费满一年不足五年的，领取失业保险金的期限最长为十二个月；累计缴费满五年不足十年的，领取失业保险金的期限最长为十八个月；累计缴费十年以上的，领取失业保险金的期限最长为二十四个月。重新就业后，再次失业的，缴费时间重新计算，领取失业保险金的期限与前次失业应当领取而尚未领取的失业保险金的期限合并计算，最长不超过二十四个月。

《失业保险条例》

第十四条 具备下列条件的失业人员，可以领取失业保险金：

（一）按照规定参加失业保险，所在单位和本人已按照规定履行缴费义务满 1 年的；

（二）非因本人意愿中断就业的；

（三）已办理失业登记，并有求职要求的。

失业人员在领取失业保险金期间，按照规定同时享受其他失业保险待遇。

6. 未签订书面合同的女职工，可以享受生育保险待遇吗？

典型案例

贾某大学毕业后，经朋友推荐应聘到某餐饮公司任财务会计，因系朋友介绍，餐饮公司未与贾某签订书面劳动合同。贾某于2022年结婚，不久后怀孕。2022年12月，因公司年终结算核账连续加班数日，贾某出现妊娠高血压综合征，住院治疗27天，花费医疗费23800元。因餐饮公司未为贾某办理医疗保险及生育保险等社会保险，贾某无法申请享受生育保险待遇，双方发生纠纷。贾某向当地劳动争议仲裁委员会提起仲裁申请，要求餐饮公司赔偿其因未缴纳社保无法享受生育保险待遇所造成的医疗损失。经劳动争议仲裁委员会裁决，由餐饮公司支付贾某因医疗造成的损失21560元。餐饮公司不服仲裁裁决，以妊娠高血压综合征不属于生育保险范畴、不应当享受生育保险待遇为由向法院提起诉讼，一审法院判决支持裁决决定，餐饮公司不服判决并上诉，二审法院维持了一审判决。

以案普法

妊娠高血压综合征的基本病变为全身小动脉痉挛，导致全身脏器血流不畅，肺循环供血不足，组织缺血、缺氧，同时又刺激血管收缩，使周围的循环阻力加大，血压将进一步上升，对胎盘、肾脏、脑组织、心脏以及视网膜等重要的器官产生一定的影响。因此，孕妇应对妊娠期的高血压引起足够重视，并及时进行相关的治疗，以避免重要的器官发生损伤。妊娠高血压综合征属于典型的妊娠并发症，属于生育保险范畴。妊娠期间发生妊娠高血压应当享受生育保险待遇。

本案中，餐饮公司未与贾某签订书面劳动合同，也未为贾某缴纳各项社会保险费用。无论是发生工伤应当享受的工伤保险待遇，还是因患病住院应当享有的医疗保险待遇、生育保险待遇，均应当依法由应当办理参保手续、缴纳社保费用的用人单位承担。是否签订书面劳动合同，都不影响劳动者享受正常的社会保险待遇。但本案中正是因为餐饮公司没有为贾某缴纳社会保险费办理生育保险，才导致贾某在医院治疗后无法享受生育保险待遇。《社会保险法》第 2 条明确规定："国家建立基本养老保险、基本医疗保险、工伤保险、失业保险、生育保险等社会保险制度，保障公民在年老、疾病、工伤、失业、生育等情况下依法从国家和社会获得物质帮助的权利。"同时，第 53 条规定："职工应当参加生育保险，由用人单位按照国家规定缴纳生育保险费，职工不缴纳生育保险费。"因此，在因用人单位未为职工办理生育保险情况下，造成职工无法享受生育保险待遇的，用人单位应当赔偿损失。

法律依据

《中华人民共和国社会保险法》

第二条 国家建立基本养老保险、基本医疗保险、工伤保险、失业保险、生育保险等社会保险制度，保障公民在年老、疾病、工伤、失业、生育等情况下依法从国家和社会获得物质帮助的权利。

第五十三条　职工应当参加生育保险，由用人单位按照国家规定缴纳生育保险费，职工不缴纳生育保险费。

7. 用人单位为农民工购买的意外伤害保险，能否替代工伤保险？

典型案例

2021年9月，张某从农村到城市务工，经老乡介绍到一家建筑劳务公司工作，具体是在建筑工地从事混凝土浇筑工作。劳务公司为每位职工购买了100元人身意外伤害保险，医疗保额8000元，身故及残疾限额10万元。2022年6月，张某在从事混凝土浇筑过程中因振动棒漏电被电击伤摔倒，造成头部大出血，经抢救治疗花费医疗费及手术费等共计8万多元。因不构成残疾，保险公司支付医疗费8000元。劳务公司拒绝支付剩余费用，双方发生纠纷。张某认为，他本人在工作期间受伤属于工伤，应当享受工伤保险待遇。劳务公司认为，公司已经为职工购买了人身意外伤害保险，不应再承担工伤保险费用。

以案普法

本案中的张某属于工伤，应当依法享受工伤保险待遇。劳务公司购买的人身意外伤害保险不能代替工伤保险。人身意外伤害保险属于商业保险范畴，任何一家保险公司均可办理该项业务。而工伤保险属于社会保险的一种，是国家强制要求办理的社会保险。

《社会保险法》第 33 条规定：“职工应当参加工伤保险，由用人单位缴纳工伤保险费，职工不缴纳工伤保险费。”同时，第 36 条规定：“职工因工作原因受到事故伤害或者患职业病，且经工伤认定的，享受工伤保险待遇；其中，经劳动能力鉴定丧失劳动能力的，享受伤残待遇。工伤认定和劳动能力鉴定应当简捷、方便。”在工伤保险待遇的支付方式上，《社会保险法》第 41 条规定：“职工所在用人单位未依法缴纳工伤保险费，发生工伤事故的，由用人单位支付工伤保险待遇。用人单位不支付的，从工伤保险基金中先行支付。从工伤保险基金中先行支付的工伤保险待遇应当由用人单位偿还。用人单位不偿还的，社会保险经办机构可以依照本法第六十三条的规定追偿。”

本案中，事故发生后，用人单位应当及时申请工伤认定并协助职工申请工伤保险待遇。如果劳务公司没有为职工办理工伤保险，因此造成张某未能享受工伤保险待遇，产生的损失应当由劳务公司承担。因此，劳务公司已缴纳人身意外伤害保险就可以不再办理工伤保险的说法是错误的。人身意外伤害保险不能代替工伤保险。

法律依据

《中华人民共和国社会保险法》

第三十三条　职工应当参加工伤保险，由用人单位缴纳工伤保险费，职工不缴纳工伤保险费。

第三十六条　职工因工作原因受到事故伤害或者患职业病，且经工伤认定的，享受工伤保险待遇；其中，经劳动能力鉴定丧失劳动能力的，享受伤残待遇。

工伤认定和劳动能力鉴定应当简捷、方便。

第四十一条　职工所在用人单位未依法缴纳工伤保险费，发生工伤事故的，由用人单位支付工伤保险待遇。用人单位不支付的，从工伤保险基金中先行支付。

从工伤保险基金中先行支付的工伤保险待遇应当由用人单位偿还。用人单位不偿还的，社会保险经办机构可以依照本法第六十三条的规定追偿。

8. 农民工因工受伤时，可以享受什么样的工伤保险待遇？

典型案例

王某从农村老家到福建厦门一家电子厂务工，电子厂为王某办理了社保手续。某日上班期间，王某因电线漏电遭电击伤，造成左手拇指、食指缺损。经医院治疗后，电子厂为王某申请认定了工伤。就王某的受伤情况，他可以享受什么样的工伤保险待遇？

以案普法

根据《工伤保险条例》规定，职工因工受伤后，可依法享受工伤保险待遇。工伤保险待遇由工伤保险基金支付主要部分，包括工伤医疗待遇、伤残待遇、工亡待遇。就本案而言，王某在工作期间受伤，应当属于工伤，且用人单位为其购买了工伤保险。结合王某受伤情况，工伤认定后，应当申请对王某的伤情进行劳动能力残疾等级评定，根据残疾程度享受工伤保险待遇，主要包括：

第一，工伤医疗待遇。

（1）治疗工伤所需挂号费、医疗费、药费、住院费等费用符合工伤保险诊疗项目目录、工伤保险药品目录、工伤保险住院服务标准的，从工伤保险基金支付。

（2）职工住院治疗工伤的，由所在单位按照本单位因工出差伙食补助的70%发给住院伙食补助费。

（3）经医疗机构出具证明，报经办机构同意，工伤职工到统筹地区以外就医的，所需交通、食宿费用由所在单位按照本单位职工因工出差标准报销。

（4）工伤职工到签订服务协议的医疗机构进行康复性治疗所发生的符合条件的康复费用。

（5）工伤职工在停工留薪期满后仍需治疗的，继续享受工伤医疗待遇。

第二，工伤伤残待遇。

根据《工伤保险条例》规定，工伤伤残待遇分为一级至四级伤残待遇、五级至六级伤残待遇、七级至十级伤残待遇三个层次。

《工伤保险条例》第 37 条规定："职工因工致残被鉴定为七级至十级伤残的，享受以下待遇：（一）从工伤保险基金按伤残等级支付一次性伤残补助金，标准为：七级伤残为 13 个月的本人工资，八级伤残为 11 个月的本人工资，九级伤残为 9 个月的本人工资，十级伤残为 7 个月的本人工资；（二）劳动、聘用合同期满终止，或者职工本人提出解除劳动、聘用合同的，由工伤保险基金支付一次性工伤医疗补助金，由用人单位支付一次性伤残就业补助金。一次性工伤医疗补助金和一次性伤残就业补助金的具体标准由省、自治区、直辖市人民政府规定。"

根据上述规定，一次性工伤医疗补助金和伤残就业补助金赔偿金额的计算没有全国通行的标准，须参照各省、自治区、直辖市人民政府的具体规定执行。

一次性工伤医疗补助金和伤残就业补助金=赔偿基数×月数。

赔偿基数为：本市上一年度职工月平均工资。

结合本案，王某可以根据《工伤保险条例》的规定，享受工伤医疗待遇，同时享受工伤伤残待遇。工伤伤残待遇包括一次性伤残补助金，如果劳动合同期满或职工本人提出解除劳动合同的，由工伤保险基金支付一次性医疗补助金，由用人单位支付一次性伤残就业补助金。

法律依据

《工伤保险条例》

第三十条 职工因工作遭受事故伤害或者患职业病进行治疗，享受工伤医疗待遇。

职工治疗工伤应当在签订服务协议的医疗机构就医，情况紧急时可以先到就近的医疗机构急救。

治疗工伤所需费用符合工伤保险诊疗项目目录、工伤保险药品目录、工伤保险住院服务标准的，从工伤保险基金支付。工伤保险诊疗项目目录、工伤保险药品目录、工伤保险住院服务标准，由国务院社会保险行政部门会同国务院卫生行政部门、食品药品监督管理部门等部门规定。

职工住院治疗工伤的伙食补助费，以及经医疗机构出具证明，报经办机构同意，工伤职工到统筹地区以外就医所需的交通、食宿费用从工伤保险基金支付，基金支付的具体标准由统筹地区人民政府规定。

工伤职工治疗非工伤引发的疾病，不享受工伤医疗待遇，按照基本医疗保险办法处理。

工伤职工到签订服务协议的医疗机构进行工伤康复的

费用，符合规定的，从工伤保险基金支付。

第三十七条 职工因工致残被鉴定为七级至十级伤残的，享受以下待遇：

（一）从工伤保险基金按伤残等级支付一次性伤残补助金，标准为：七级伤残为 13 个月的本人工资，八级伤残为 11 个月的本人工资，九级伤残为 9 个月的本人工资，十级伤残为 7 个月的本人工资；

（二）劳动、聘用合同期满终止，或者职工本人提出解除劳动、聘用合同的，由工伤保险基金支付一次性工伤医疗补助金，由用人单位支付一次性伤残就业补助金。一次性工伤医疗补助金和一次性伤残就业补助金的具体标准由省、自治区、直辖市人民政府规定。

9. 未签订劳动合同的农民工，因工受伤时能否享受工伤保险待遇?

典型案例

王某 2022 年 3 月初经本村村民介绍，到厦门某区一建筑工地务工，从事木工作业。该工地承建方为隆鑫公司，双方未签订劳动合同，王某工资按天计算，每天 350 元，每月由公司结算一次。公司按最低基数为王某等农民工缴纳了工伤保险。5 月 13 日，王某在施工时不慎从 6 楼坠落，浑身多处骨折，受伤严重。住院治疗期间，公司为王某垫付医疗费3万多元。其间，王某向当地人社部门申请了工伤认定，经认定王某系工伤。王某与公司关于工伤赔偿事宜发生纠纷。

以案普法

该案应当结合实际情况进行处理。满足享受工伤保险待遇的前提条件为：第一，双方存在合法的劳动关系；第二，用人单位依法缴纳了工伤保险费。只要形成事实上的劳动关系，在满足前两个条件的前提下，无论是否签订劳动合同，都不影响职工享受工伤保险待遇。

本案中王某虽未与公司签订书面劳动合同，但根据双方的实际情况，参照原劳动和社会保障部《关于确立劳动关系有关事项的通知》（劳社部发〔2005〕12号）第1条、第2条规定，双方已经形成事实劳动关系。王某在认定工伤后依法应当享受工伤保险待遇。

法律依据

《劳动和社会保障部关于确立劳动关系有关事项的通知》

一、用人单位招用劳动者未订立书面劳动合同，但同时具备下列情形的，劳动关系成立。

（一）用人单位和劳动者符合法律、法规规定的主体资格；

（二）用人单位依法制定的各项劳动规章制度适用于

劳动者，劳动者受用人单位的劳动管理，从事用人单位安排的有报酬的劳动；

（三）劳动者提供的劳动是用人单位业务的组成部分。

二、用人单位未与劳动者签订劳动合同，认定双方存在劳动关系时可参照下列凭证：

（一）工资支付凭证或记录（职工工资发放花名册）、缴纳各项社会保险费的记录；

（二）用人单位向劳动者发放的“工作证”、“服务证”等能够证明身份的证件；

（三）劳动者填写的用人单位招工招聘“登记表”、“报名表”等招用记录；

（四）考勤记录；

（五）其他劳动者的证言等。

其中，（一）、（三）、（四）项的有关凭证由用人单位负举证责任。

10. 农民工所在用人单位未缴纳工伤保险，发生工伤由谁承担责任？

典型案例

陈某于2020年到城市务工，经老乡介绍进入福建一家制衣厂工作，制衣厂与陈某签订了劳动合同，月薪4500元，包住宿。制衣厂未为陈某等农民工缴纳社保（包括工伤保险）。2022 年 3 月，陈某因疲劳在操作机器时被轧伤左手，造成左手手指除大拇指外全部截肢，陈某向当地人社部门申请认定工伤，工伤部门调查后依法认定陈某属工伤。后陈某要求享受工伤待遇，但因制衣厂未缴纳工伤保险导致其无法享受工伤待遇，陈某与制衣厂发生纠纷。

以案普法

根据《劳动法》第 72 条规定，“用人单位和劳动者必须依法参加社会保险，缴纳社会保险费”。同时，《社会保险法》第 58 条第 1 款规定：“用人单位应当自用工之日起三十日内为其职工向社会保险经办机构申请办理社会保险登记。未办理社会保险登记的，由社会保险经办机构核定其应当缴纳的社会保险费。”社会保险制度作为一项经济、社会制度，牵动着整个国家改革、发展、稳定的大局，更牵动着广大人民群众的根本利益。为劳动者缴纳社会保险是用人单位的法定义务，属于法律强制性规定。

对于用人单位未依法为劳动者缴纳社保的，按照《社会保险法》第 41 条规定处理，即“职工所在用人单位未依法缴纳工伤保险费，发生工伤事故的，由用人单位支付工伤保险待遇。用人单位不支付的，从工伤保险基金中先行支付。从工伤保险基金中先行支付的工伤保险待遇应当由用人单位偿还。用人单位不偿还的，社会保险经办机构可以依照本法第六十三条的规定追偿”。

本案中，因为制衣厂未为陈某缴纳社会保险，导致陈某无法在认定工伤后享受工伤保险待遇，根据规定，陈某可要求制衣厂在工伤保险待遇范围内承担赔偿责任。

法律依据

《中华人民共和国劳动法》

第七十二条　社会保险基金按照保险类型确定资金来源，逐步实行社会统筹。用人单位和劳动者必须依法参加社会保险，缴纳社会保险费。

《中华人民共和国社会保险法》

第四十一条　职工所在用人单位未依法缴纳工伤保险费，发生工伤事故的，由用人单位支付工伤保险待遇。用人单位不支付的，从工伤保险基金中先行支付。

从工伤保险基金中先行支付的工伤保险待遇应当由用人单位偿还。用人单位不偿还的，社会保险经办机构可以依照本法第六十三条的规定追偿。

第五十八条　用人单位应当自用工之日起三十日内为其职工向社会保险经办机构申请办理社会保险登记。未办理社会保险登记的，由社会保险经办机构核定其应当缴纳的社会保险费。

自愿参加社会保险的无雇工的个体工商户、未在用人单位参加社会保险的非全日制从业人员以及其他灵活就业人员，应当向社会保险经办机构申请办理社会保险登记。

国家建立全国统一的个人社会保障号码。个人社会保障号码为公民身份号码。

11. 用人单位项目违法分包的，农民工发生工伤事故由谁承担责任？

典型案例

“美好家园”住宅小区由众邦公司承建，2022 年 5 月，众邦公司将涉案土建工程转包给永安公司，实际施工人为夏某（夏某与永安公司签订有分包协议）。其间农民工宋某经人介绍到“美好家园”项目工地从事混凝土浇筑工作，工作期间不慎被振动棒打伤，造成胫骨粉碎性骨折。住院治疗期间，夏某支付了部分医疗费，永安公司未支付任何费用。根据宋某要求，夏某向宋某出具了宋某为“美好家园”项目工地工作人员证明。出院后，宋某依法向当地劳动争议仲裁委员会申请确认自己同永安公司存在劳动关系。劳动争议仲裁委员会审理后认定宋某同永安公司虽不存在劳动关系，但永安公司由于存在违法分包情形，应对宋某承担用工主体责任。永安公司不服，向当地法院提起诉讼，请求确认永安公司不对宋某承担用工主体责任。法院审理后驳回了永安公司的诉讼请求。

随后，宋某提起工伤认定申请，经当地工伤部门认定，宋某构成工伤。宋某随后申请仲裁，要求永安公司在工伤保险范围内给予赔偿。

以案普法

建筑行业从业人员大多为农民工，有时建筑行业的用工习惯和制度不够规范，造成农民工的合法权益得不到有力保障。根据规定，用人单位将工程或经营权发包给不具备用工主体资格的组织或自然人，由具备用工主体资格的发包方承担用工主体责任。

结合本案，宋某经介绍到“美好家园”项目工地从事混凝土浇筑工作，虽然实际施工由夏某负责，但夏某并不具备用工主体资格，根据《劳动和社会保障部关于确立劳动关系有关事项的通知》第 4 条规定：“建筑施工、矿山企业等用人单位将工程（业务）或经营权发包给不具备用工主体资格的组织或自然人，对该组织或自然人招用的劳动者，由具备用工主体资格的发包方承担用工主体责任。”因此，本案中对宋某的工伤赔偿责任应由永安公司承担。

法律依据

《劳动和社会保障部关于确立劳动关系有关事项的通知》

四、建筑施工、矿山企业等用人单位将工程（业务）

或经营权发包给不具备用工主体资格的组织或自然人，对该组织或自然人招用的劳动者，由具备用工主体资格的发包方承担用工主体责任。

12. 农民工酒后在工作中受伤是否属于工伤？

典型案例

2021年春节后，张某经同乡介绍到福建一家小家电公司务工，从事车间内货物搬运工作。小家电公司同张某签订了劳动合同并按规定为其缴纳了社保，月薪4600元加奖金。2022年4月12日中午，因老乡过生日，张某饮酒过量，饭后仍到公司继续上班，在工作中不慎将货物滑落，被砸伤造成脚踝骨粉碎性骨折。住院后，小家电公司作为用人单位为张某向当地人社部门提出工伤认定申请，工伤部门调查后作出张某不属于工伤的认定。

以案普法

《工伤保险条例》第14条、第15条规定了应当认定为工伤及视同工伤的各种情形，但在第16条同时规定了工伤认定的除外情形。

根据《工伤保险条例》第16条规定，故意犯罪、醉酒或吸毒、自残或自杀这三种情况不得认定为工伤或视同工伤。结合本案，张某在醉酒状态下仍进行作业，导致被货物砸伤，虽然属于工作中遭受的伤害，但因为是在其醉酒状态下发生，因此不属于工伤。

法律依据

《工伤保险条例》

第十六条　职工符合本条例第十四条、第十五条的规定，但是有下列情形之一的，不得认定为工伤或者视同工伤：

（一）故意犯罪的；

（二）醉酒或者吸毒的；

（三）自残或者自杀的。

13. 农民工上下班途中发生交通事故被撞伤，是否属于工伤?

典型案例

农民工宋某于2021年经招聘进入荣发电子厂工作。2022年3月10日，宋某在上班途中发生交通事故，被一辆轿车撞倒，身体多处骨折，随后被送往医院治疗。经交警部门鉴定，轿车司机承担主要责任，宋某承担次要责任。那么，宋某是否属于工伤?

以案普法

根据《工伤保险条例》第14条第6项的规定，职工在上下班途中，受到非本人主要责任的交通事故或者城市轨道交通、客运轮渡、火车事故伤害的，应当认定为工伤。本案中宋某的情况符合该项规定的法定条件，应当属于工伤。上下班途中发生交通事故，认定工伤的条件包括：（1）劳动者与用人单位存在劳动关系；（2）交通事故发生的时间是在上下班途中；（3）交通事故的发生，劳动者承担的是非本人主要责任。其中“非本人主要责任”包括同等责任、次要责任、无责任三种情况。结合本案，宋某在本次交通事故中承担的是次要责任，且事故在上下班途中发生，因此应属于工伤。

法律依据

《工伤保险条例》

第十四条 职工有下列情形之一的，应当认定为工伤：

（一）在工作时间和工作场所内，因工作原因受到事故伤害的；

（二）工作时间前后在工作场所内，从事与工作有关的预备性或者收尾性工作受到事故伤害的；

（三）在工作时间和工作场所内，因履行工作职责受到暴力等意外伤害的；

（四）患职业病的；

（五）因工外出期间，由于工作原因受到伤害或者发生事故下落不明的；

（六）在上下班途中，受到非本人主要责任的交通事故或者城市轨道交通、客运轮渡、火车事故伤害的；

（七）法律、行政法规规定应当认定为工伤的其他情形。

14. 农民工上班期间突发疾病，是否属于工伤？

典型案例

赵某，现年37岁，于2021年3月自农村到杭州一家纺纱厂上班，在车间负责落纱工作。2022年5月12日下午，赵某在工作期间突发脑出血，后经及时抢救治疗康复，未留后遗症。其间，纺纱厂为赵某向当地人社部门提出工伤认定申请，工伤部门经调查后作出赵某不属于工伤的认定。

以案普法

农民工上班期间突发疾病，要根据突发疾病导致的结果来判断是否属于工伤。根据《工伤保险条例》第15条的规定，在工作时间和工作岗位，突发疾病死亡或者在48小时之内经抢救无效死亡的，视同工伤。根据该规定，上班期间突发疾病死亡或者在48小时内经抢救无效死亡的才能视同工伤。本案中，赵某虽然属工作期间突发疾病，但经抢救治疗已经痊愈，明显不符合视同工伤的法定要件，所以赵某的情况不属于工伤。

法律依据

《工伤保险条例》

第十五条 职工有下列情形之一的，视同工伤：

（一）在工作时间和工作岗位，突发疾病死亡或者在48小时之内经抢救无效死亡的；

（二）在抢险救灾等维护国家利益、公共利益活动中受到伤害的；

（三）职工原在军队服役，因战、因公负伤致残，已取得革命伤残军人证，到用人单位后旧伤复发的。

职工有前款第（一）项、第（二）项情形的，按照本条例的有关规定享受工伤保险待遇；职工有前款第（三）项情形的，按照本条例的有关规定享受除一次性伤残补助金以外的工伤保险待遇。

15. 农民工跟随包工头在建筑工地工作受伤，能否被认定为工伤？

典型案例

2022年春天，李某跟随老乡韩某（包工头）到位于某市的“金色家园”项目部从事木工工作，工资按每日350元结算，每月结算一次。建设公司是承建“金色家园”项目的施工方，韩某分包木工部分，负责李某的工资发放及管理。2022 年 8 月 2 日，李某在施工过程中不慎从四楼坠落，导致身体多处骨折损伤。治疗期间，韩某支付了部分医疗费。随后李某向当地人社部门提出认定工伤的申请，经认定，李某属于工伤，用人单位为建设公司。建设公司不服提起行政诉讼，一审法院判决维持人社部门作出的工伤认定决定书。建设公司不服提起上诉，二审法院维持原判。

以案普法

根据《最高人民法院关于审理工伤保险行政案件若干问题的规定》第 3 条第 1 款第 4 项、第 5 项规定，以及《劳动和社会保障部关于确立劳动关系有关事项的通知》第 4 条规定，李某虽系包工头韩某所带领，但其所从事的工作依旧是承建单位建设公司所承建的“金色家园”项目下的木工工作，韩某作为包工头不具备合法的用工主体资格。建设公司将木工部分违法分包给韩某，应当对李某承担用工主体责任。结合李某所受伤害是在该项目工作中，因此李某应当被认定为工伤。

法律依据

《最高人民法院关于审理工伤保险行政案件若干问题的规定》

第三条　社会保险行政部门认定下列单位为承担工伤

保险责任单位的，人民法院应予支持：

（一）职工与两个或两个以上单位建立劳动关系，工伤事故发生时，职工为之工作的单位为承担工伤保险责任的单位；

（二）劳务派遣单位派遣的职工在用工单位工作期间因工伤亡的，派遣单位为承担工伤保险责任的单位；

（三）单位指派到其他单位工作的职工因工伤亡的，指派单位为承担工伤保险责任的单位；

（四）用工单位违反法律、法规规定将承包业务转包给不具备用工主体资格的组织或者自然人，该组织或者自然人聘用的职工从事承包业务时因工伤亡的，用工单位为承担工伤保险责任的单位；

（五）个人挂靠其他单位对外经营，其聘用的人员因工伤亡的，被挂靠单位为承担工伤保险责任的单位。

前款第（四）、（五）项明确的承担工伤保险责任的单位承担赔偿责任或者社会保险经办机构从工伤保险基金支付工伤保险待遇后，有权向相关组织、单位和个人追偿。

《劳动和社会保障部关于确立劳动关系有关事项的通知》

四、建筑施工、矿山企业等用人单位将工程（业务）或经营权发包给不具备用工主体资格的组织或自然人，对该组织或自然人招用的劳动者，由具备用工主体资格的发包方承担用工主体责任。

16. 农民工发生交通事故被认定为工伤，可否既要求交通事故赔偿，又要求工伤赔偿？

典型案例

农民工刘某受聘为某市环卫处工人，负责清扫道路垃圾。某日，刘某下班途中路过十字路口时，被开车超速行驶的李某撞倒受伤，被医院诊断为左胸肋骨骨折，左股骨骨折，交警对事故作出认定，李某负主要责任，刘某负次要责任。环卫处依法提出工伤认定申请，经人社部门认定，刘某系在上班期间发生交通事故且非本人主要责任，属于工伤。经协商，李某对刘某作出赔偿。刘某出院后依法向当地人社部门申请工伤赔偿，人社部门认为，刘某所受损失已经通过肇事方李某得到应有赔偿，不应当再主张工伤赔偿，遂拒绝工伤赔付。刘某不服向法院提起诉讼，法院审理后判决，除已经得到赔偿的医疗费之外，支持刘某的诉请。

以案普法

根据《工伤保险条例》第14条第6项规定，职工在上下班途中，受到非本人主要责任的交通事故或者城市轨道交通、客运轮渡、火车事故伤害的，应当认定为工伤。本案中刘某的情形完全符合法律规定的要件，因此，应当认定工伤。根据《工伤保险条例》第五章关于工伤保险待遇的规定，刘某依法享有工伤保险待遇。

刘某因与李某发生交通事故遭受损害，根据《民法典》第1165条第1款的规定，行为人因过错侵害他人民事权益造成损害的，应当承担侵权责任。同时，结合《民法典》第1179条的规定，侵害他人造成人身损害的，应当赔偿医疗费、护理费、交通费、营养费、住院伙食补助费等为治疗和康复支出的合理费用，以及因误工减少的收入。造成残疾的，还应当赔偿辅助器具费和残疾赔偿金；造成死亡的，还应当赔偿丧葬费和死亡赔偿金。刘某有权依据法律规定要求李某承担损害赔偿责任。

因此，刘某同时享有基于侵权的赔偿请求权及基于工伤的工伤保险待遇请求权，两者分属不同的法律关系，有不同的法律依据。依据《最高人民法院关于审理工伤保险行政案件若干问题的规定》第8条的明确规定，本案刘某已经向第三人基于侵权提起民事诉讼并得到赔偿，除已经赔付的医疗费之外的其他工伤保险待遇请求仍应当予以赔付。因此，刘某在得到李某赔偿后仍然有权享受除已经支付的医疗费外的工伤保险待遇。

法律依据

《中华人民共和国民法典》

第一千一百六十五条　行为人因过错侵害他人民事权

益造成损害的，应当承担侵权责任。

依照法律规定推定行为人有过错，其不能证明自己没有过错的，应当承担侵权责任。

第一千一百七十九条　侵害他人造成人身损害的，应当赔偿医疗费、护理费、交通费、营养费、住院伙食补助费等为治疗和康复支出的合理费用，以及因误工减少的收入。造成残疾的，还应当赔偿辅助器具费和残疾赔偿金；造成死亡的，还应当赔偿丧葬费和死亡赔偿金。

《工伤保险条例》

第十四条　职工有下列情形之一的，应当认定为工伤：

……

（六）在上下班途中，受到非本人主要责任的交通事故或者城市轨道交通、客运轮渡、火车事故伤害的；

……

《最高人民法院关于审理工伤保险行政案件若干问题的规定》

第八条　职工因第三人的原因受到伤害，社会保险行政部门以职工或者其近亲属已经对第三人提起民事诉讼或者获得民事赔偿为由，作出不予受理工伤认定申请或者不予认定工伤决定的，人民法院不予支持。

职工因第三人的原因受到伤害，社会保险行政部门已经作出工伤认定，职工或者其近亲属未对第三人提起民事诉讼或者尚未获得民事赔偿，起诉要求社会保险经办机构支付工伤保险待遇的，人民法院应予支持。

职工因第三人的原因导致工伤，社会保险经办机构以职工或者其近亲属已经对第三人提起民事诉讼为由，拒绝支付工伤保险待遇的，人民法院不予支持，但第三人已经支付的医疗费用除外。

17. 农民工被诊断为职业病的，能否要求工伤赔偿？

典型案例

农民工谢某在义豪电子公司从事焊接工作近 4 年，近期发现眼部不适，经医院诊断为电光性眼炎，经职业病诊断机构确诊为职业病。谢某要求义豪电子公司申请认定工伤，公司拖延未办理，谢某遂向人社部门提出工伤认定申请，经认定，谢某为工伤。谢某随后提出工伤保险赔偿。

以案普法

本案中的谢某长期从事焊接工作，眼部遭受伤害，经职业病诊断机构确认为职业病，根据《工伤保险条例》第 14 条第 4 项规定，职工已确诊为职业病的，应当认定为工伤。又根据《工伤保险条例》第 17 条规定，由于义豪电子公司拖延提出工伤认定申请，谢某有权依法向社会保险行政部门提出工伤认定申请。因此，在工伤认定后谢某依法有权享受工伤保险待遇。

法律依据

《工伤保险条例》

第十四条 职工有下列情形之一的，应当认定为工伤：

……

（四）患职业病的；

……

第十七条 职工发生事故伤害或者按照职业病防治法规定被诊断、鉴定为职业病，所在单位应当自事故伤害发生之日或者被诊断、鉴定为职业病之日起30日内，向统筹地区社会保险行政部门提出工伤认定申请。遇有特殊情况，经报社会保险行政部门同意，申请时限可以适当延长。

用人单位未按前款规定提出工伤认定申请的，工伤职工或者其近亲属、工会组织在事故伤害发生之日或者被诊断、鉴定为职业病之日起1年内，可以直接向用人单位所在地统筹地区社会保险行政部门提出工伤认定申请。

按照本条第一款规定应当由省级社会保险行政部门进行工伤认定的事项，根据属地原则由用人单位所在地的设区的市级社会保险行政部门办理。

用人单位未在本条第一款规定的时限内提交工伤认定申请，在此期间发生符合本条例规定的工伤待遇等有关费用由该用人单位负担。

18. 农民工工亡赔偿项目及标准是什么？

典型案例

农民工赵某 2021 年入职康润公司，签订了 3 年固定期限劳动合同，康润公司为赵某缴纳了五险一金等社会保险。2022 年 10 月，赵某在工作中因机器设备漏电触电死亡。康润公司为赵某申请认定了工伤，并协助赵某家属提出了工亡赔偿申请。就赔偿事宜，赵某家属提出了包括丧葬补助金、一次性工亡补助金、供养家属抚恤金、精神损害抚慰金等赔偿项目。

以案普法

《工伤保险条例》第 30 条第 1 款规定，职工因工作遭受事故伤害或者患职业病进行治疗，享受工伤医疗待遇。《工伤保险条例》第 39 条规定，职工因工死亡，其近亲属可从工伤保险基金领取丧葬补助金、供养亲属抚恤金和一次性工亡补助金。根据该规定，赵某的家属可申请的工亡赔偿项目包括一次性工亡补助金、丧葬费补助金、供养亲属抚恤金。

同时，《工伤保险条例》第 39 条第 1 款明确规定了赔偿的标准：（1）丧葬补助金为 6 个月的统筹地区上年度职工月平均工资。（2）供养亲属抚恤金按照职工本人工资的一定比例发给由因工死亡职工生前提供主要生活来源、无劳动能力的亲属。标准为：配偶每月 40%，其他亲属每人每月 30%，孤寡老人或者孤儿每人每月在上述标准的基础上增加 10%。核定的各供养亲属的抚恤金之和不应高于因工死亡职工生前的工资。供养亲属的具体范围由国务院社会保险行政部门规定。（3）一次性工亡补助金标准为上一年度全国城镇居民人均可支配收入的 20 倍。因此，赵某家属提出的赔偿项目中的精神损害抚慰金不在工亡赔偿项目之列。

法律依据

《工伤保险条例》

第三十条 职工因工作遭受事故伤害或者患职业病进行治疗，享受工伤医疗待遇。

职工治疗工伤应当在签订服务协议的医疗机构就医，情况紧急时可以先到就近的医疗机构急救。

治疗工伤所需费用符合工伤保险诊疗项目目录、工伤保险药品目录、工伤保险住院服务标准的，从工伤保险基金支付。工伤保险诊疗项目目录、工伤保险药品目录、工伤保险住院服务标准，由国务院社会保险行政部门会同国务院卫生行政部门、食品药品监督管理部门等部门规定。

职工住院治疗工伤的伙食补助费，以及经医疗机构出具证明，报经办机构同意，工伤职工到统筹地区以外就医所需的交通、食宿费用从工伤保险基金支付，基金支付的具体标准由统筹地区人民政府规定。

工伤职工治疗非工伤引发的疾病，不享受工伤医疗待遇，按照基本医疗保险办法处理。

工伤职工到签订服务协议的医疗机构进行工伤康复的费用，符合规定的，从工伤保险基金支付。

第三十九条 职工因工死亡，其近亲属按照下列规定从工伤保险基金领取丧葬补助金、供养亲属抚恤金和一次性工亡补助金：

（一）丧葬补助金为6个月的统筹地区上年度职工月平均工资；

（二）供养亲属抚恤金按照职工本人工资的一定比例发给由因工死亡职工生前提供主要生活来源、无劳动能力的亲属。标准为：配偶每月40%，其他亲属每人每月30%，孤寡老人或者孤儿每人每月在上述标准的基础上增加10%。核定的各供养亲属的抚恤金之和不应高于因工死亡职工生前的工资。供养亲属的具体范围由国务院社会保险行政部门规定；

（三）一次性工亡补助金标准为上一年度全国城镇居民人均可支配收入的20倍。

伤残职工在停工留薪期内因工伤导致死亡的，其近亲属享受本条第一款规定的待遇。

一级至四级伤残职工在停工留薪期满后死亡的，其近亲属可以享受本条第一款第（一）项、第（二）项规定的待遇。

19. 农民工在工伤治疗过程中，应当注意哪些问题？

典型案例

农民工张某在一家电子厂上班。某日值夜班时，张某被电击伤，造成右臂尺骨骨折。随后张某住院治疗，电子厂为张某申请认定了工伤，但是，对于在工伤治疗过程中应当注意哪些问题，张某很迷惘。

以案普法

司法实践中，职工在工伤治疗过程中应当注意以下问题：

第一，保留好申请享受工伤待遇的相关证据。包括个人身份证、户口本、工伤认定书，造成残疾的还需要劳动能力鉴定报告等。

第二，注意住院治疗的证据收集。首先，以下相关资料的原件应保存好：病历、入院记录、出院记录、出院小结、疾病诊断证明书、病历本、X 光片和 X 光报告单、CT 片和 CT 报告单等治疗资料，医疗发票及门诊票据等证据资料。

其次，住院期间或出院时注意以下事项：

（1）请医生在病历中注明需要护理人员（要求护理费的依据）。

（2）如果需要购买相关的辅助器具，如拐杖、轮椅等，也请医生在病历中予以注明；出院后如果因伤情问题，工伤职工因日常生活或就业需要，经劳动能力鉴定委员会确认，可以配置轮椅等辅助器具，费用由工伤保险基金支付。

最后，出院时，请医生在出院小结、出院记录或出院医嘱中注明：

（1）出院后是否需要护理人员（侵权与工伤竞合时可以要求护理费）。

（2）需要医生注明“加强营养”（侵权与工伤竞合时可以要求营养费）。

（3）需要医生注明休养多久（侵权与工伤竞合时可以要求医疗期工资或误工费）。

第三，注意了解工伤待遇范围及申请程序。根据《社会保险法》第38条规定，工伤发生的费用包括医疗费、康复费、住院伙食补助费、交通食宿费、伤残辅助器具费、护理费、伤残津贴，一次性伤残补助金、终止或解除劳动合同应当享受的一次性医疗补助金；因工死亡的丧葬补助金、供养亲属抚恤金、工亡补助金；劳动能力鉴定费。用人单位在解除劳动合同时支付一次性伤残就业补助金等。

劳动者应当根据《工伤保险条例》第五章工伤保险待遇规定的程序要求申请享受工伤保险待遇。

法律依据

《中华人民共和国社会保险法》

第三十八条　因工伤发生的下列费用，按照国家规定从工伤保险基金中支付：

（一）治疗工伤的医疗费用和康复费用；

（二）住院伙食补助费；

（三）到统筹地区以外就医的交通食宿费；

（四）安装配置伤残辅助器具所需费用；

（五）生活不能自理的，经劳动能力鉴定委员会确认的生活护理费；

（六）一次性伤残补助金和一至四级伤残职工按月领取的伤残津贴；

（七）终止或者解除劳动合同时，应当享受的一次性医疗补助金；

（八）因工死亡的，其遗属领取的丧葬补助金、供养亲属抚恤金和因工死亡补助金；

（九）劳动能力鉴定费。

第三十九条　因工伤发生的下列费用，按照国家规定由用人单位支付：

（一）治疗工伤期间的工资福利；

（二）五级、六级伤残职工按月领取的伤残津贴；

（三）终止或者解除劳动合同时，应当享受的一次性伤残就业补助金。

《工伤保险条例》

第三十二条 工伤职工因日常生活或者就业需要，经劳动能力鉴定委员会确认，可以安装假肢、矫形器、假眼、假牙和配置轮椅等辅助器具，所需费用按照国家规定的标准从工伤保险基金支付。

20. 由用人单位申请认定工伤的程序是怎样的？

典型案例

张某在某制衣厂工作期间，发生工伤事故，制衣厂作为用人单位准备向当地人社部门申请工伤认定。那么，由用人单位申请认定工伤，程序是怎样的？

以案普法

根据《工伤保险条例》第17条规定，职工发生事故伤害或者按照职业病防治法规定被诊断、鉴定为职业病，所在单位应当自事故伤害发生之日或者被诊断、鉴定为职业病之日起30日内，向统筹地区社会保险行政部门提出工伤认定申请。遇有特殊情况，经报社会保险行政部门同意，申请时限可以适当延长。用人单位提出工伤认定申请一般需提供以下材料：

（1）工伤认定申请书；

（2）工伤认定申请表（一式三份）；

（3）用人单位出具的事故情况说明1份（单位负责人和分管领导签署意见）；

（4）受伤害职工的身份证复印件1份（本人签名并按手印）；

（5）用人单位的营业执照、组织机构代码证、法人证的复印件各1份（加盖单位公章）；

（6）用人单位及法定代表人为经办人员出具的授权委托书1份（加盖单位公章，法定代表人签字）；

（7）受伤害职工或者其近亲属为用人单位出具的授权委托书1份（委托代为申报工伤及领取认定相关文书，附本人身份证复印件并在复印件上签名按手印）；

（8）参加工伤保险的，提供社保中心出具的参保信息1份；

（9）劳动合同书复印件或者受伤害职工与单位存在劳动关系的证明材料1份（加盖单位公章）；

（10）两人以上证人证言原件及证人身份证复印件（复印件本人签名按手印并留联系电话）；

（11）医疗机构出具的初诊诊断证明书或者职业病诊断鉴定书1份，如经过住院治疗，还需提供住院病历复印件1份；

(12) 申报材料真实性承诺书（法定代表人签字并加盖单位公章）；

(13) 社会保险行政部门根据需要要求提供的其他材料。

根据《工伤保险条例》第19条和第20条的规定，社会保险行政部门受理工伤认定申请后，根据审核需要可以对事故伤害进行调查核实，用人单位、职工、工会组织、医疗机构以及有关部门应当予以协助。社会保险行政部门应当自受理工伤认定申请之日起60日内作出工伤认定的决定，并书面通知申请工伤认定的职工或者其近亲属和该职工所在单位。

法律依据

《工伤保险条例》

第十七条 职工发生事故伤害或者按照职业病防治法规定被诊断、鉴定为职业病，所在单位应当自事故伤害发生之日或者被诊断、鉴定为职业病之日起30日内，向统筹地区社会保险行政部门提出工伤认定申请。遇有特殊情况，经报社会保险行政部门同意，申请时限可以适当延长。

用人单位未按前款规定提出工伤认定申请的，工伤职工或者其近亲属、工会组织在事故伤害发生之日或者被诊断、鉴定为职业病之日起1年内，可以直接向用人单位所在地统筹地区社会保险行政部门提出工伤认定申请。

按照本条第一款规定应当由省级社会保险行政部门进行工伤认定的事项，根据属地原则由用人单位所在地的设区的市级社会保险行政部门办理。

用人单位未在本条第一款规定的时限内提交工伤认定申请，在此期间发生符合本条例规定的工伤待遇等有关费用由该用人单位负担。

第十八条 提出工伤认定申请应当提交下列材料：

（一）工伤认定申请表；

（二）与用人单位存在劳动关系（包括事实劳动关系）的证明材料；

（三）医疗诊断证明或者职业病诊断证明书（或者职业病诊断鉴定书）。

工伤认定申请表应当包括事故发生的时间、地点、原因以及职工伤害程度等基本情况。

工伤认定申请人提供材料不完整的，社会保险行政部门应当一次性书面告知工伤认定申请人需要补正的全部材料。申请人按照书面告知要求补正材料后，社会保险行政部门应当受理。

第十九条 社会保险行政部门受理工伤认定申请后，根据审核需要可以对事故伤害进行调查核实，用人单位、职工、工会组织、医疗机构以及有关部门应当予以协助。职业病诊断和诊断争议的鉴定，依照职业病防治法的有关规定执行。对依法取得职业病诊断证明书或者职业病诊断鉴定书的，社会保险行政部门不再进行调查核实。

职工或者其近亲属认为是工伤，用人单位不认为是工伤的，由用人单位承担举证责任。

第二十条 社会保险行政部门应当自受理工伤认定申请之日起60日内作出工伤认定的决定，并书面通知申请工伤认定的职工或者其近亲属和该职工所在单位。

社会保险行政部门对受理的事实清楚、权利义务明确的工伤认定申请，应当在15日内作出工伤认定的决定。

作出工伤认定决定需要以司法机关或者有关行政主管部门的结论为依据的，在司法机关或者有关行政主管部门尚未作出结论期间，作出工伤认定决定的时限中止。

社会保险行政部门工作人员与工伤认定申请人有利害关系的，应当回避。

21. 由农民工自行申请认定工伤的程序是怎样的？

典型案例

2021年2月，持有A1驾驶证驾龄21年的李某，经本村村民介绍前往厦门某客运公司工作，经客运公司试用，条件合格，双方正式签订了劳动合同，期限3年。2022年10月12日中午，李某驾驶客车行至站点后临时停车，因有人在车内吐痰，李某持水壶到路边提水洗车，冲洗后李某从车前返回驾驶室准备开车，被后方车辆撞倒，导致李某肋骨骨折 6 处，锁骨粉碎性骨折等伤害。事故发生后，客运公司未申请认定工伤，认为该事故为交通事故，应由交通肇事方予以赔偿。李某出院后，遂向当地人社部门提出工伤认定申请。

以案普法

根据《工伤保险条例》第 17 条第 2 款的规定，用人单位未按规定提出工伤认定申请的，工伤职工或者其近亲属、工会组织在事故伤害发生之日或者被诊断、鉴定为职业病之日起 1 年内，可以直接向用人单位所在地统筹地区社会保险行政部门提出工伤认定申请。同时，《工伤保险条例》第 19 条第 1 款规定，社会保险行政部门受理工伤认定申请后，根据审核需要可以对事故伤害进行调查核实，用人单位、职工、工会组织、医疗机构以及有关部门应当予以协助。

本案中，虽然李某受伤是因交通事故造成，但也符合工伤认定的情形，他可自事故发生后 1 年内向所在地统筹地区社会保险行政部门提出工伤认定申请。按照《工伤保险条例》第 18 条的规定，提交如下材料：（1）身份证复印件。（2）工伤认定申请表（一式三份）。（3）与用人单位存在劳动关系（包括事实劳动关系）的证明材料，包括劳动合同书、工资卡、出入证、社保缴纳证明、工作服（工作牌）及同事证人证言等。（4）医疗诊断证明或者职业病诊断证明书（或者职业病诊断鉴定书），以及因工伤治疗的其他证据，包括病历资料、医疗票据、日清单及费用总清单、入院证、出院证等。(5) 申报材料真实性承诺书。(6) 社会保险行政部门根据需要要求提供的其他材料。

社会保险行政部门会根据需要向用人单位调取相关证据，对事故发生后现场证人进行调查了解，包括公安机关事故处理部门、事故现场附近的市民，并调取附近监控等。社会保险行政部门应当自受理工伤认定申请之日起 60 日内作出工伤认定的决定，并书面通知申请工伤认定的职工或者其近亲属和该职工所在单位。社会保险行政部门对受理的事实清楚、权利义务明确的工伤认定申请，应当在 15 日内作出工伤认定的决定。李某可按此程序规定，依法申请工伤认定。

法律依据

《工伤保险条例》

第十七条 ……

用人单位未按前款规定提出工伤认定申请的，工伤职工或者其近亲属、工会组织在事故伤害发生之日或者被诊断、鉴定为职业病之日起 1 年内，可以直接向用人单位所在地统筹地区社会保险行政部门提出工伤认定申请。

按照本条第一款规定应当由省级社会保险行政部门进行工伤认定的事项，根据属地原则由用人单位所在地的设区的市级社会保险行政部门办理。

用人单位未在本条第一款规定的时限内提交工伤认定申请，在此期间发生符合本条例规定的工伤待遇等有关费用由该用人单位负担。

第十八条　提出工伤认定申请应当提交下列材料：

（一）工伤认定申请表；

（二）与用人单位存在劳动关系（包括事实劳动关系）的证明材料；

（三）医疗诊断证明或者职业病诊断证明书（或者职业病诊断鉴定书）。

工伤认定申请表应当包括事故发生的时间、地点、原因以及职工伤害程度等基本情况。

工伤认定申请人提供材料不完整的，社会保险行政部门应当一次性书面告知工伤认定申请人需要补正的全部材料。申请人按照书面告知要求补正材料后，社会保险行政部门应当受理。

第十九条　社会保险行政部门受理工伤认定申请后，根据审核需要可以对事故伤害进行调查核实，用人单位、职工、工会组织、医疗机构以及有关部门应当予以协助。职业病诊断和诊断争议的鉴定，依照职业病防治法的有关规定执行。对依法取得职业病诊断证明书或者职业病诊断鉴定书的，社会保险行政部门不再进行调查核实。

职工或者其近亲属认为是工伤，用人单位不认为是工伤的，由用人单位承担举证责任。

第二十条 社会保险行政部门应当自受理工伤认定申请之日起60日内作出工伤认定的决定，并书面通知申请工伤认定的职工或者其近亲属和该职工所在单位。

社会保险行政部门对受理的事实清楚、权利义务明确的工伤认定申请，应当在15日内作出工伤认定的决定。

作出工伤认定决定需要以司法机关或者有关行政主管部门的结论为依据的，在司法机关或者有关行政主管部门尚未作出结论期间，作出工伤认定决定的时限中止。

社会保险行政部门工作人员与工伤认定申请人有利害关系的，应当回避。

第三章

特殊保护

1. 未成年人务工时，用人单位应提供什么样的特殊保护？

典型案例

17岁的刘某轩到某电子厂求职，恰逢电子厂接到大额订单，面试后电子厂通知其第二天上班。次日，刘某轩按照电子厂的要求，开始从事电子配件的组装工作。该岗位需劳动者频繁低头，配置好组件后再将配件上举到工作台，频率高达每分钟60次。工作两周后，刘某轩出现身体部分关节疼痛的不适症状。在这种情况下，刘某轩可否要求电子厂把他调配到自己能够适应的工作岗位？

以案普法

根据《未成年工特殊保护规定》第2条第1款的规定，“未成年工是指年满十六周岁，未满十八周岁的劳动者”。同时该法第3条规定了用人单位不得安排未成年工从事的劳动范围，其中第16项为“工作中需要长时间保持低头、弯腰、上举、下蹲等强迫体位和动作频率每分钟大于五十次的流水线作业”。

结合本案情况来看，刘某轩17岁，属于未成年人，该电子厂虽然可以雇佣其在厂劳动，但是安排的工作岗位却属于未成年人不得从事的工作范围，该电子厂违反了

《未成年工特殊保护规定》，刘某轩可要求电子厂为其调岗。

此外，为维护未成年工的合法权益，保护未成年工在生产劳动中的健康，《未成年工特殊保护规定》要求用人单位在雇佣未成年工时，上岗前要进行培训，进行体检，并到相关行政机关登记。但在本案中，刘某轩上岗前，电子厂既未对他进行有关的职业安全卫生教育、培训，也没有为他安排体检，更没有向所在地的县级以上劳动行政部门办理登记，因此该电子厂在未成年工的用工程序上存在严重的违规情况，亟须整改，还应当承担相应的法律责任。

法律依据

《未成年工特殊保护规定》

第二条 未成年工是指年满十六周岁，未满十八周岁的劳动者。

未成年工的特殊保护是针对未成年工处于生长发育期的特点，以及接受义务教育的需要，采取的特殊劳动保护措施。

第三条 用人单位不得安排未成年工从事以下范围的劳动：

（一）《生产性粉尘作业危害程度分级》国家标准中第一级以上的接尘作业；

（二）《有毒作业分级》国家标准中第一级以上的有毒作业；

（三）《高处作业分级》国家标准中第二级以上的高处作业；

（四）《冷水作业分级》国家标准中第二级以上的冷水作业；

（五）《高温作业分级》国家标准中第三级以上的高温作业；

（六）《低温作业分级》国家标准中第三级以上的低温作业；

（七）《体力劳动强度分级》国家标准中第四级体力劳动强度的作业；

（八）矿山井下及矿山地面采石作业；

（九）森林业中的伐木、流放及守林作业；

（十）工作场所接触放射性物质的作业；

（十一）有易燃易爆、化学性烧伤和热烧伤等危险性大的作业；

（十二）地质勘探和资源勘探的野外作业；

（十三）潜水、涵洞、涵道作业和海拔三千米以上的高原作业（不包括世居高原者）；

（十四）连续负重每小时在六次以上并每次超过二十公斤，间断负重每次超过二十五公斤的作业；

（十五）使用凿岩机、捣固机、气镐、气铲、铆钉机、电锤的作业；

（十六）工作中需要长时间保持低头、弯腰、上举、下蹲等强迫体位和动作频率每分钟大于五十次的流水线作业；

（十七）锅炉司炉。

第六条 用人单位应按下列要求对未成年工定期进行健康检查：

（一）安排工作岗位之前；

（二）工作满一年；

（三）年满十八周岁，距前一次的体检时间已超过半年。

第九条 对未成年工的使用和特殊保护实行登记制度。

（一）用人单位招收使用未成年工，除符合一般用工要求外，还须向所在地的县级以上劳动行政部门办理登记。劳动行政部门根据《未成年工健康检查表》、《未成年工登记表》，核发《未成年工登记证》。

（二）各级劳动行政部门须按本规定第三、四、五、七条的有关规定，审核体检情况和拟安排的劳动范围。

（三）未成年工须持《未成年工登记证》上岗。

（四）《未成年工登记证》由国务院劳动行政部门统一印制。

第十条 未成年工上岗前用人单位应对其进行有关的

职业安全卫生教育、培训；未成年工体检和登记，由用人单位统一办理和承担费用。

2. 未成年人打工取得的劳动报酬，可以自行保管和处理吗？

典型案例

李某5岁时父母离异，李某跟随父亲生活，10岁时父亲再婚又育有一子。因家庭经济困难，李某16岁时辍学在某婚庆酒楼的后厨从事帮工。李某自工作后从家里搬出在外租房居住，工资用来负担日常花销。李某父亲以李某未成年为由，要求李某工作的酒楼将李某每月的工资直接打入自己的账户，由他代替李某保管，父子俩因此产生纠纷。那么，李某在18岁前可以保管和处理自己的劳动报酬吗？

以案普法

年满16周岁未满18周岁的劳动者是未成年工，未成年工依法享有更多的特殊保护和劳动者权益。《民法典》第18条规定："成年人为完全民事行为能力人，可以独立实施民事法律行为。十六周岁以上的未成年人，以自己的劳动收入为主要生活来源的，视为完全民事行为能力人。"

本案中，李某虽然未满18周岁，但已满16周岁，并且在工作后能够依靠其劳动收入独立生活，符合法律规定的完全民事行为能力人的定义。完全民事行为能力人享有独立的财产权益，当然能够按照自己的意愿自行保管和处理获得的劳动报酬。因此，李某的父亲若想代为保管李某的工资，应当取得李某的同意，不能以李某未成年为由强行代为保管李某的工资，更无权要求工作单位直接将李某的工资打入自己的账户。

法律依据

《中华人民共和国民法典》

第十八条 成年人为完全民事行为能力人，可以独立实施民事法律行为。

十六周岁以上的未成年人，以自己的劳动收入为主要生活来源的，视为完全民事行为能力人。

《未成年工特殊保护规定》

第二条第一款 未成年工是指年满十六周岁，未满十八周岁的劳动者。

3. 女职工怀孕期间，可以享受哪些特殊待遇？

典型案例

小丽是公司的销售骨干，怀孕之前工作认真，吃苦耐劳，连续多次荣获公司的“销售冠军”称号。但小丽在怀孕之后，每日神情困顿，精力不济，无法达到之前的工作水平。公司为其身体考虑便与小丽协商把她调配到培训部门，负责公司业务人员培训，该岗位相对轻松且不需要出差，小丽对公司的岗位调配表示同意。那么，怀孕期间的小丽除享受以上的岗位调整待遇外，还能享受哪些特殊待遇？

以案普法

女职工在一些企业的职工人数中占有较大的比例，甚至在一些加工制作企业中占到职工总人数的60%以上。女职工由于生理的特殊性，享有更多的劳动权益的特殊保护。女职工在怀孕期间依法享有休假、调配岗位等权益，同时用人单位也应当遵守《女职工劳动保护特别规定》，不得安排孕期女职工从事明确禁忌的工作内容。

《女职工劳动保护特别规定》第6条第1款规定：“女职工在孕期不能适应原劳动的，用人单位应当根据医疗机构的证明，予以减轻劳动量或者安排其他能够适应的劳动。”本案中，公司为小丽身体考虑主动提出要为其调配岗位，显示出公司积极保障女职工孕期利益的良好用工制度。当然，若公司未主动提出，小丽也可以在怀孕期间身体不能适应原岗位的情况下，持医疗机构的证明，向公司提出减轻其劳动量或者调配岗位的合理要求。

本案中小丽的工作岗位为销售，除调整岗位外，她还可以向公司申请减轻劳动量。若小丽的工作内容属于孕期禁忌从事的劳动范围，比如工作环境中存在有毒有害物质，冷水作业或者需要频繁弯腰、攀高、下蹲的作业，那么公司就必须为小丽调配岗位。关于女职工孕期禁忌从事的劳动范围，在《女职工劳动保护特别规定》的附录部分有明确的规定。

除此之外，如果小丽孕期在正常工作时间需要产检，公司应当予以准许，不能按照事假、病假扣发工资，应当按照正常出勤正常核发工资。在小丽怀孕 7 个月后，公司应当按照小丽的实际情况，每天为她安排合理的休息时间。

法律依据

《中华人民共和国劳动合同法》

第四十二条 劳动者有下列情形之一的，用人单位不得依照本法第四十条、第四十一条的规定解除劳动合同：

……

（四）女职工在孕期、产期、哺乳期的；

……

《女职工劳动保护特别规定》

第六条 女职工在孕期不能适应原劳动的，用人单位应当根据医疗机构的证明，予以减轻劳动量或者安排其他能够适应的劳动。

对怀孕7个月以上的女职工，用人单位不得延长劳动时间或者安排夜班劳动，并应当在劳动时间内安排一定的休息时间。

怀孕女职工在劳动时间内进行产前检查，所需时间计入劳动时间。

附录：

三、女职工在孕期禁忌从事的劳动范围：

（一）作业场所空气中铅及其化合物、汞及其化合物、苯、镉、铍、砷、氰化物、氮氧化物、一氧化碳、二硫化碳、氯、己内酰胺、氯丁二烯、氯乙烯、环氧乙烷、苯胺、甲醛等有毒物质浓度超过国家职业卫生标准的作业；

（二）从事抗癌药物、己烯雌酚生产，接触麻醉剂气体等的作业；

（三）非密封源放射性物质的操作，核事故与放射事故的应急处置；

（四）高处作业分级标准中规定的高处作业；

（五）冷水作业分级标准中规定的冷水作业；

（六）低温作业分级标准中规定的低温作业；

（七）高温作业分级标准中规定的第三级、第四级的作业；

（八）噪声作业分级标准中规定的第三级、第四级的作业；

（九）体力劳动强度分级标准中规定的第三级、第四级体力劳动强度的作业；

（十）在密闭空间、高压室作业或者潜水作业，伴有强烈振动的作业，或者需要频繁弯腰、攀高、下蹲的作业。

4. 女职工哺乳期间，可以享受哪些特殊待遇？

典型案例

李某生育孩子4个月后，应聘到某保险公司从事车险报案的电话客服工作，由于工作性质的需求，此岗位为24小时工作制，每人每天工作8个小时，3人轮岗。公司人力资源部根据公司制度为李某排班：每月夜班10次，白班时每次应加班1.5小时。李某对公司的排班制度有异议，要求人力资源部调整自己的排班，取消夜班及加班。本案中，李某的要求是否有相应的法律依据？

以案普法

哺乳期的女职工因生理特征和个体需要，依法享有特殊的劳动权益，如不能安排加班或夜班，应当在每天的劳动时间内安排哺乳时间，同时，与孕期类似，也有禁忌从事的劳动范围。

《女职工劳动保护特别规定》第9条规定："对哺乳未满1周岁婴儿的女职工，用人单位不得延长劳动时间或者安排夜班劳动。用人单位应当在每天的劳动时间内为哺乳期女职工安排1小时哺乳时间；女职工生育多胞胎的，每多哺乳1个婴儿每天增加1小时哺乳时间。”同时该规定在附录中也明确了女职工在哺乳期禁忌从事的劳动范围，包括从事环境有毒物质浓度超标的作业、含放射性的作业、高体力劳动强度的作业等。

本案中，李某在应聘工作时孩子出生4个月，正处于法律规定的哺乳期。在这个特殊时期内，用人单位不得延长李某的劳动时间或安排其上夜班，并且公司还应当根据该规定，在李某工作日时每日给李某1个小时的哺乳时间。因此，李某可以要求公司变更自己的排班安排，取消夜班及白班的加班，另外还有权要求公司每天安排1小时的哺乳时间。

法律依据

《女职工劳动保护特别规定》

第七条 女职工生育享受98天产假，其中产前可以休假15天；难产的，增加产假15天；生育多胞胎的，每多生育1个婴儿，增加产假15天。

女职工怀孕未满4个月流产的，享受15天产假；怀孕满4个月流产的，享受42天产假。

第九条 对哺乳未满1周岁婴儿的女职工，用人单位不得延长劳动时间或者安排夜班劳动。

用人单位应当在每天的劳动时间内为哺乳期女职工安

排1小时哺乳时间；女职工生育多胞胎的，每多哺乳1个婴儿每天增加1小时哺乳时间。

附录：

四、女职工在哺乳期禁忌从事的劳动范围：

（一）孕期禁忌从事的劳动范围的第一项、第三项、第九项；

（二）作业场所空气中锰、氟、溴、甲醇、有机磷化合物、有机氯化合物等有毒物质浓度超过国家职业卫生标准的作业。

5. 女职工月经期间，用人单位应提供哪些特殊保护？

典型案例

张某丽在某食品冷藏公司的双温车间从事食品装卸、分类、包装工作，工作场所包括冷藏车间和保鲜车间。冷藏车间的温度通常为-6℃，保鲜车间的温度通常在3℃以上，按照车间工作内容，张某丽需要在两个车间中轮换工作，工作时间每日为7小时左右。因为女职工的特殊生理原因，张某丽向公司提出自己月经期间仅在保鲜车间工作的申请。那么，公司是否应当批准张某丽的申请呢？

以案普法

对女职工的特殊保护不仅涉及孕期和哺乳期，还包括月经期间的特殊权益。《女职工劳动保护特别规定》在附录中明确规定女职工在经期禁忌从事低温作业分级标准中规定的第二级、第三级、第四级低温作业。规定中的“低温作业”是指在劳动生产过程中，工作场所平均气温等于或低于5℃的作业。

本案中，张某丽工作的冷藏车间温度通常为-6℃，低温作业时间率为29%，按照低温作业的分级标准为第二级，属于国家规定女职工经期禁忌从事的工作范围，因此张某丽的申请符合规定，用人单位应当予以批准。当然，这里的规定既是女职工享有的法定特殊权益，也是用人单位必须遵循的法定用工要求，在公司的管理制度中应当予以体现，即使张某丽本人未提出申请，公司也有义务按照张某丽的实际情况，在其月经期间给予妥当的岗位安排。

法律依据

《女职工劳动保护特别规定》

附录：

二、女职工在经期禁忌从事的劳动范围：

（一）冷水作业分级标准中规定的第二级、第三级、第四级冷水作业；

（二）低温作业分级标准中规定的第二级、第三级、第四级低温作业；

（三）体力劳动强度分级标准中规定的第三级、第四级体力劳动强度的作业；

（四）高处作业分级标准中规定的第三级、第四级高处作业。

6. 用人单位要求女职工作出不怀孕或者放弃产假待遇的书面承诺有效吗?

典型案例

张某应聘到某公司从事会计工作，在签订劳动合同时，公司另外要求其签订一份劳动合同附件《承诺书》，主要内容为，张某需承诺入职工作2年内不怀孕，承诺怀孕时自愿放弃产假待遇，否则公司可无条件解除劳动合同。张某认为公司让她签署的承诺书内容违反了法律规定，侵害了自身合法权益。那么，用人单位要求女职工在入职时作出不怀孕或者放弃产假待遇的书面承诺是否有效?

以案普法

求职权、生育权是每名成年女性的合法权益，任何单位和个人都没有权利剥夺和限制女性的生育权。《妇女权益保障法》第43条第4项规定，用人单位在招录（聘）过程中，除国家另有规定外，不得将限制结婚、生育或者婚姻、生育状况作为录（聘）用条件。第44条第1款也规定，用人单位在录（聘）用女职工时，不得规定限制女职工结婚、生育等内容。

本案中，公司仅考虑自身利益，要求张某作出不怀孕、放弃产假的承诺，意图免除自己的法定责任，排除劳动者权利，侵害了张某的合法权益，显然是违反法律规定的。按照《劳动合同法》第 26 条第 1 款第 2 项的规定，即使劳动者自愿签署了含有这些内容的承诺书，这些内容也是无效的，公司不能以此作为要求女职工放弃产假或者与女职工解除劳动合同的依据。同时，按照《劳动合同法》第 42 条的规定，在非因劳动者原因的情况下，用人单位在女职工孕期内不得解除劳动合同。否则，劳动者有权要求用人单位按照《劳动合同法》第 87 条的规定支付赔偿金。

法律依据

《中华人民共和国妇女权益保障法》

第四十三条　用人单位在招录（聘）过程中，除国家另有规定外，不得实施下列行为：

（一）限定为男性或者规定男性优先；

（二）除个人基本信息外，进一步询问或者调查女性求职者的婚育情况；

（三）将妊娠测试作为入职体检项目；

（四）将限制结婚、生育或者婚姻、生育状况作为录（聘）用条件；

（五）其他以性别为由拒绝录（聘）用妇女或者差别化地提高对妇女录（聘）用标准的行为。

第四十四条 用人单位在录（聘）用女职工时，应当依法与其签订劳动（聘用）合同或者服务协议，劳动（聘用）合同或者服务协议中应当具备女职工特殊保护条款，并不得规定限制女职工结婚、生育等内容。

职工一方与用人单位订立的集体合同中应当包含男女平等和女职工权益保护相关内容，也可以就相关内容制定专章、附件或者单独订立女职工权益保护专项集体合同。

第四十八条 用人单位不得因结婚、怀孕、产假、哺乳等情形，降低女职工的工资和福利待遇，限制女职工晋职、晋级、评聘专业技术职称和职务，辞退女职工，单方解除劳动（聘用）合同或者服务协议。

女职工在怀孕以及依法享受产假期间，劳动（聘用）合同或者服务协议期满的，劳动（聘用）合同或者服务协议期限自动延续至产假结束。但是，用人单位依法解除、终止劳动（聘用）合同、服务协议，或者女职工依法要求解除、终止劳动（聘用）合同、服务协议的除外。

用人单位在执行国家退休制度时，不得以性别为由歧视妇女。

《中华人民共和国劳动合同法》

第二十六条 下列劳动合同无效或者部分无效：

（一）以欺诈、胁迫的手段或者乘人之危，使对方在违背真实意思的情况下订立或者变更劳动合同的；

（二）用人单位免除自己的法定责任、排除劳动者权利的；

（三）违反法律、行政法规强制性规定的。

对劳动合同的无效或者部分无效有争议的，由劳动争议仲裁机构或者人民法院确认。

第四十二条 劳动者有下列情形之一的，用人单位不得依照本法第四十条、第四十一条的规定解除劳动合同：

……

（四）女职工在孕期、产期、哺乳期的；

……

第八十七条 用人单位违反本法规定解除或者终止劳动合同的，应当依照本法第四十七条规定的经济补偿标准的二倍向劳动者支付赔偿金。

7. 用人单位可以辞退怀孕的女职工吗？

典型案例

孙某丽是泰安物流公司的物流分拣人员，2022 年 5 月，孙某丽怀孕，泰安物流公司以其无法胜任现工作强度为由对其进行辞退处理，双方因此发生劳动争议。就本案情形，泰安物流公司辞退孙某丽的理由和程序是否符合法律规定？

以案普法

为了保障劳动者权益，促进企业用工的稳定性，法律法规对用人单位辞退劳动者有着严格的限制。同时，孕期女职工的权益应当受到更多特殊保护，非因女职工的严重过错，用人单位不得随意与孕期女职工解除劳动关系。

《劳动合同法》第 42 条明确规定，女职工在孕期、产期、哺乳期的，用人单位不能按照无过错性辞退或者经济性裁员解除劳动合同。也就是说，在女职工怀孕期间，只有其存在《劳动合同法》第 39 条所列 6 种情形时，或者在双方协商一致的情况下，用人单位才可以解除劳动合同。这 6 种情形分别是：在试用期间被证明不符合录用条件的；严重违反用人单位的规章制度的；严重失职，营私舞弊，给用人单位造成重大损害的；劳动者同时与其他用人单位建立劳动关系，对完成本单位的工作任务造成严重影响，或者经用人单位提出，拒不改正的；以欺诈、胁迫的手段或者乘人之危，使用人单位在违背真实意思的情况下订立或者变更劳动合同，致使劳动合同无效的；被依法追究刑事责任的。除了这 6 种情况，在双方不能协商解除劳动合同时，用人单位不得自行辞退孕期女职工。

本案中，即使孙某丽客观上存在因怀孕无法胜任原工作强度的情况，公司也应当按照《女职工劳动保护特别规定》第6条的规定，根据孙某丽提供的医疗机构的证明，适当减轻其工作劳动量或者为其调整适合的工作岗位。本案中，公司直接辞退孙某丽，显然是违法的。孙某丽有权按照《劳动合同法》第48条的规定，要求用人单位继续履行劳动合同，或者要求用人单位依照《劳动合同法》第87条的规定支付赔偿金。

法律依据

《中华人民共和国劳动合同法》

第三十九条 劳动者有下列情形之一的，用人单位可以解除劳动合同：

（一）在试用期间被证明不符合录用条件的；

（二）严重违反用人单位的规章制度的；

（三）严重失职，营私舞弊，给用人单位造成重大损害的；

（四）劳动者同时与其他用人单位建立劳动关系，对完成本单位的工作任务造成严重影响，或者经用人单位提出，拒不改正的；

（五）因本法第二十六条第一款第一项规定的情形致使劳动合同无效的；

（六）被依法追究刑事责任的。

第四十二条 劳动者有下列情形之一的，用人单位不得依照本法第四十条、第四十一条的规定解除劳动合同：

……

（四）女职工在孕期、产期、哺乳期的；

……

第四十八条 用人单位违反本法规定解除或者终止劳动合同，劳动者要求继续履行劳动合同的，用人单位应当继续履行；劳动者不要求继续履行劳动合同或者劳动合同已经不能继续履行的，用人单位应当依照本法第八十七条规定支付赔偿金。

第八十七条 用人单位违反本法规定解除或者终止劳动合同的，应当依照本法第四十七条规定的经济补偿标准的二倍向劳动者支付赔偿金。

《女职工劳动保护特别规定》

第六条 女职工在孕期不能适应原劳动的，用人单位应当根据医疗机构的证明，予以减轻劳动量或者安排其他能够适应的劳动。

对怀孕7个月以上的女职工，用人单位不得延长劳动时间或者安排夜班劳动，并应当在劳动时间内安排一定的休息时间。

怀孕女职工在劳动时间内进行产前检查，所需时间计入劳动时间。

8. 农民工从事高危作业时，应受到哪些特殊保护？

典型案例

季某在济南某建筑工地从事建筑外墙构筑、粉刷、清洁工作，劳动合同期限为2021年4月5日至2022年4月5日。上岗前，公司按照管理制度对季某进行安全培训，并告知了在工作期间会提供的劳动保护的安全措施。4月8日，季某按照公司要求到达指定工作地点，准备开始工作。季某正式上工时发现，工作内容是在距离地面约12米高度的位置粉刷外墙，但是公司仅提供了安全帽和吊篮，没有配置安全绳、安全锁、防滑鞋等防护工具。季某要求公司配备这些防护设备，否则拒绝上岗工作。季某的要求是否合理？

以案普法

我们常说的“高度危险作业”，一般是指从事高空、高压、易燃、易爆、剧毒、放射性、高速运输工具等对周围环境有高度危险的作业。近年来，因经济的发展和城市建设的需要，大量农民进城务工，从事的工种很大一部分就属于高危行业。

本案中的季某从事的就是高空作业中的悬空作业，悬空作业的特点是周边临空、工作时无立足点或无牢靠立足点，由于是在不稳定的条件下施工作业，所以危险性很大。根据《安全生产法》第52条、第53条的规定，为了保障安全生产经营，生产经营单位在签订劳动合同时，合同中就应当载明从业人员劳动安全、防止职业危害的事项，劳动者有权了解其作业场所和工作岗位存在的危险因素、防范措施及事故应急措施。同时，根据《安全生产法》第55条的规定，劳动者在发现直接危及人身安全的紧急情况时，有权停止作业。

就本案来说，季某从事高空作业时，公司未提供基本的安全防护工具，存在危及人身安全的重大安全隐患，不能保障工作安全。因此，季某有权停止工作，待公司提供安全防护工具后再开展工作。同时，公司不得因季某在这种紧急情况下停止作业而扣发工资或者解除劳动合同。

法律依据

《中华人民共和国安全生产法》

第五十二条 生产经营单位与从业人员订立的劳动合同，应当载明有关保障从业人员劳动安全、防止职业危害的事项，以及依法为从业人员办理工伤保险的事项。

生产经营单位不得以任何形式与从业人员订立协议，免除或者减轻其对从业人员因生产安全事故伤亡依法应承担的责任。

第五十三条 生产经营单位的从业人员有权了解其作

业场所和工作岗位存在的危险因素、防范措施及事故应急措施，有权对本单位的安全生产工作提出建议。

第五十五条　从业人员发现直接危及人身安全的紧急情况时，有权停止作业或者在采取可能的应急措施后撤离作业场所。

生产经营单位不得因从业人员在前款紧急情况下停止作业或者采取紧急撤离措施而降低其工资、福利等待遇或者解除与其订立的劳动合同。

9. 农民工从事煤矿井下作业时，应受到哪些特殊保护？

典型案例

张某等8人经朋友介绍到某煤矿公司务工。8人通过面试后，与公司签订了书面劳动合同，劳动合同期限1年，工作岗位为井下作业。公司在对8人进行简单培训后，就安排他们进行下井作业，工作一段时间后张某出现腿部肿胀伴有疼痛的病症，经医院诊断张某身患风湿病，不能从事井下作业。由于公司在入职前并未对下井人员进行常规体检，导致张某下井工作后诱发、加重了身体病症。那么，我国法律法规对于从事煤矿井下作业的人员，有哪些特殊保护呢？

以案普法

煤炭工业是特殊行业，生产条件和工作环境相对特殊，工作场所环境变化大，生产安全事故始终影响和制约着煤矿的生产建设。煤炭工业的发展离不开劳动者的井下作业，具有井下作业场所空间较小、环境湿度较大、采光需要靠矿灯照明、设施设备噪声超标、伴有地热现象、环境温度较高、井下时间较长等特点，对于从事煤矿井下作业的劳动者来说，工作环境异常辛苦、风险大、劳动强度大，因此，公司在用工方面提供更完备的劳动保护是非常有必要的。

根据《煤矿安全规程》的规定，对于下井人员，所属的煤矿企业必须建立入井检身制度和出入井人员清点制度，掌握井下人员的数量、位置等实时信息。建立矿井安全避险系统，对下井人员进行安全避险和紧急救援培训，每年至少组织一次应急训练。对井下的温度、有害气体、噪声等情况要进行定期检测，对相关下井人员进行定期检查，预防职业病危害的发生。身患活动性肺结核病及肺外结核病，严重的上呼吸道或者支气管疾病，显著影响肺功能的肺脏或者胸膜病变，心、血管器质性疾病，风湿病（反复活动），严重的皮肤病的人员严禁下井作业。

在本案中，张某患有风湿病，由于公司没有按照规定对下井人员进行前期体检，就直接安排下井作业，诱发、加重了其身体病症，明显违反规定。除此之外，为了保障下井人员的安全，《煤矿安全规程》中还规定：入井人员必须戴安全帽等个体防护用品，穿戴有反光标识的工作服，入井前严禁饮酒；入井人员必须携带自救器标识卡和矿灯，严禁携带烟草和点火物品，严禁穿化纤衣服。所有的规定，都是尽可能从制度上为艰苦的煤矿井下劳动者提供更多的劳动保护，以确保用工安全。

法律依据

《煤矿安全规程》

第六百三十七条 煤矿企业必须建立健全职业卫生档案，定期报告职业病危害因素。

第六百三十八条 煤矿企业应当开展职业病危害因素日常监测，配备监测人员和设备。

煤矿企业应当每年进行一次作业场所职业病危害因素检测，每3年进行一次职业病危害现状评价。检测、评价结果存入煤矿企业职业卫生档案，定期向从业人员公布。

第六百三十九条 煤矿企业应当为接触职业病危害因素的从业人员提供符合要求的个体防护用品，并指导和督促其正确使用。

作业人员必须正确使用防尘或者防毒等个体防护用品。

第六百六十三条 煤矿企业必须按照国家有关规定，对从业人员上岗前、在岗期间和离岗时进行职业健康检查，建立职业健康档案，并将检查结果书面告知从业人员。

第六百六十四条 接触职业病危害从业人员的职业健康检查周期按下列规定执行：

（一）接触粉尘以煤尘为主的在岗人员，每2年1次。

（二）接触粉尘以矽尘为主的在岗人员，每年1次。

（三）经诊断的观察对象和尘肺患者，每年1次。

（四）接触噪声、高温、毒物、放射线的在岗人员，每年1次。

接触职业病危害作业的退休人员，按有关规定执行。

第六百六十五条 对检查出有职业禁忌症和职业相关健康损害的从业人员，必须调离接害岗位，妥善安置；对已确诊的职业病人，应当及时给予治疗、康复和定期检查，并做好职业病报告工作。

第六百六十六条 有下列病症之一的，不得从事接尘作业：

（一）活动性肺结核病及肺外结核病。

（二）严重的上呼吸道或者支气管疾病。

（三）显著影响肺功能的肺脏或者胸膜病变。

（四）心、血管器质性疾病。

（五）经医疗鉴定，不适于从事粉尘作业的其他疾病。

第六百六十七条 有下列病症之一的，不得从事井下工作：

（一）本规程第六百六十六条所列病症之一的。

（二）风湿病（反复活动）。

（三）严重的皮肤病。

（四）经医疗鉴定，不适于从事井下工作的其他疾病。

10. 农民工依法应享有哪些职业卫生保护？

典型案例

某县卫生健康局于2019年对神马建材有限公司进行现场检查时发现，该公司2019年在岗期间职业健康检查结果显示王某、汪某、刘某3名劳动者为疑似职业病病人，未及时安排进行职业病诊断，县卫生健康局对该公司处以罚款15000元并责令其整改，但事后，该公司以与相关劳动者签订保证书的形式逃避诊断义务。时隔三年，2022年公司才安排该3名疑似职业病病人进行职业病诊断，诊断结果均为职业性水泥尘肺二期。经调查，该公司未依法对劳动者开展职业卫生相关知识的培训，未按规定组织劳动者进行在岗期间职业健康检查，逾期未按照规定安排疑似职业病病人进行诊断，造成该公司王某等3名劳动者生命健康严重损害。那么，农民工在从事这些有职业病危害的作业时，应受到哪些职业卫生保护呢？

以案普法

近年来，随着经济的发展，一系列劳动法律法规的颁布、完善，农民工在从事易发职业病危害的职业时有了越来越全面的劳动保护及制度规定。

根据《职业病防治法》规定，用人单位首先应当为劳动者创造符合国家职业卫生标准和卫生要求的工作环境和条件。对从事接触职业病危害的作业的劳动者，用人单位应当按照国务院卫生行政部门的规定组织上岗前、在岗期间和离岗时的职业健康检查，并将检查结果书面告知劳动者。用人单位不得安排未经上岗前职业健康检查的劳动者从事接触职业病危害的作业；对未进行离岗前职业健康检查的劳动者不得解除或者终止与其订立的劳动合同。同样，劳动者有权利了解工作场所产生或者可能产生的职业病危害因素、危害后果和企业的职业病防护措施。对用人单位违反职业病防治法律、法规，危及劳动者生命健康的行为，劳动者有权向行政主管部门提出检举和控告。

在工作过程中经鉴定诊断为职业病的劳动者，按照《职业病防治法》第 58 条的规定，除依法享有工伤保险外，依照有关民事法律规定，尚有获得赔偿的权利的，有权向用人单位提出赔偿要求。

法律依据

《中华人民共和国职业病防治法》

第四条　劳动者依法享有职业卫生保护的权利。

用人单位应当为劳动者创造符合国家职业卫生标准和卫生要求的工作环境和条件，并采取措施保障劳动者获得职业卫生保护。

工会组织依法对职业病防治工作进行监督，维护劳动者的合法权益。用人单位制定或者修改有关职业病防治的规章制度，应当听取工会组织的意见。

第五条　用人单位应当建立、健全职业病防治责任制，加强对职业病防治的管理，提高职业病防治水平，对本单位产生的职业病危害承担责任。

第三十九条　劳动者享有下列职业卫生保护权利：

（一）获得职业卫生教育、培训；

（二）获得职业健康检查、职业病诊疗、康复等职业病防治服务；

（三）了解工作场所产生或者可能产生的职业病危害因素、危害后果和应当采取的职业病防护措施；

（四）要求用人单位提供符合防治职业病要求的职业病防护设施和个人使用的职业病防护用品，改善工作条件；

（五）对违反职业病防治法律、法规以及危及生命健康的行为提出批评、检举和控告；

（六）拒绝违章指挥和强令进行没有职业病防护措施的作业；

（七）参与用人单位职业卫生工作的民主管理，对职业病防治工作提出意见和建议。

用人单位应当保障劳动者行使前款所列权利。因劳动者依法行使正当权利而降低其工资、福利等待遇或者解除、终止与其订立的劳动合同的，其行为无效。

第五十八条 职业病病人除依法享有工伤保险外，依照有关民事法律，尚有获得赔偿的权利的，有权向用人单位提出赔偿要求。

第四章

劳动争议与维权

1. 用人单位或个人恶意拖欠农民工工资，应当承担什么法律责任?

典型案例

贾某于2021年12月分包了某县一处景区景观工程的部分施工工程，之后聘用多名农民工入场施工。施工期间，贾某累计收到发包人支付的工程款60余万元。2022年7月工程完工后，贾某以工程亏损为由拖欠赵某等30余名农民工工资15万余元。8月初，县人力资源和社会保障局责令贾某支付拖欠的农民工工资，贾某却于当晚订购机票并在次日早上乘飞机逃匿。8月底，某园林工程有限公司作为工程总承包商代贾某垫付农民工工资15万余元。9月，公安机关对贾某拒不支付劳动报酬案立案侦查，后经县人民法院审判，认定被告人贾某犯拒不支付劳动报酬罪，判处有期徒刑1年，并处罚金人民币3万元。

以案普法

在农民工权益保护的问题上，恶意拖欠农民工工资的现象长期存在。面对这样的情况，立法机关及时做出反应，制定了恶意拖欠农民工工资的最新处罚规定。保障农民工工资的按时足额发放，是对农民工权益最基本的保障。对拖欠农民工工资用人单位的处罚力度进一步加大，无故拖延发放工资的，除需要承担民事责任外，恶意拖欠、情节严重的，还会构成犯罪。

根据《劳动法》第50条规定，劳动者的工资应当按时足额发放。用人单位无故拖欠劳动者工资的，劳动者可以依据《劳动合同法》第30条的规定，依法向当地法院申请支付令。还可以向当地劳动执法监察大队投诉，其会依据《劳动保障监察条例》依法对用人单位进行监督检查，并责令用人单位支付拖欠的工资。同时，劳动者还可以直接提起劳动仲裁，要求用人单位承担工资支付义务。

本案中，贾某拒不支付30余名农民工的劳动报酬达15万余元，数额较大，并在政府有关部门责令支付后逃匿，贾某的行为构成《刑法》第276条之一的拒不支付劳动报酬罪。贾某虽然不具有合法的用工资格，在没有相应建筑工程施工资质情况下承包建筑工程施工项目，违法招用农民工进行施工，但是这些都不影响他构成拒不支付劳动报酬罪。在贾某逃匿后，虽然总承包商按照有关规定清偿了贾某拖欠的工资，但这仅属于垫付，只是削减了贾某拖欠行为的社会危害结果，并不能因此免除贾某应当承担的刑事责任。

法律依据

《中华人民共和国劳动法》

第五十条 工资应当以货币形式按月支付给劳动者本

人。不得克扣或者无故拖欠劳动者的工资。

第九十一条　用人单位有下列侵害劳动者合法权益情形之一的，由劳动行政部门责令支付劳动者的工资报酬、经济补偿，并可以责令支付赔偿金：

（一）克扣或者无故拖欠劳动者工资的；

（二）拒不支付劳动者延长工作时间工资报酬的；

（三）低于当地最低工资标准支付劳动者工资的；

（四）解除劳动合同后，未依照本法规定给予劳动者经济补偿的。

《中华人民共和国劳动合同法》

第三十条　用人单位应当按照劳动合同约定和国家规定，向劳动者及时足额支付劳动报酬。

用人单位拖欠或者未足额支付劳动报酬的，劳动者可以依法向当地人民法院申请支付令，人民法院应当依法发出支付令。

《中华人民共和国刑法》

第二百七十六条之一　以转移财产、逃匿等方法逃避支付劳动者的劳动报酬或者有能力支付而不支付劳动者的劳动报酬，数额较大，经政府有关部门责令支付仍不支付的，处三年以下有期徒刑或者拘役，并处或者单处罚金；造成严重后果的，处三年以上七年以下有期徒刑，并处罚金。

单位犯前款罪的，对单位判处罚金，并对其直接负责的主管人员和其他直接责任人员，依照前款的规定处罚。

有前两款行为，尚未造成严重后果，在提起公诉前支付劳动者的劳动报酬，并依法承担相应赔偿责任的，可以减轻或者免除处罚。

《最高人民法院关于审理拒不支付劳动报酬刑事案件适用法律若干问题的解释》

第七条 不具备用工主体资格的单位或者个人，违法用工且拒不支付劳动者的劳动报酬，数额较大，经政府有关部门责令支付仍不支付的，应当依照刑法第二百七十六条之一的规定，以拒不支付劳动报酬罪追究刑事责任。

第八条 用人单位的实际控制人实施拒不支付劳动报酬行为，构成犯罪的，应当依照刑法第二百七十六条之一的规定追究刑事责任。

第九条 单位拒不支付劳动报酬，构成犯罪的，依照本解释规定的相应个人犯罪的定罪量刑标准，对直接负责的主管人员和其他直接责任人员定罪处罚，并对单位判处罚金。

2. 劳动者被委派到他处用工时发生人身伤害事故，由谁担责？

典型案例

谢某与劳务派遣公司签订劳动合同，经公司派遣到机械制造公司，在生产部从事零件机械组装工作，上岗前未接受任何岗位培训和劳动保护培训。谢某工作两周后，在利用机器组装零件时操作错误被机器轧伤右手，经鉴定工伤伤残等级为八级。劳务派遣公司和机械制造公司均没有为谢某办理工伤保险，谢某向劳务派遣公司所在地劳动争议仲裁委员会申请仲裁，要求解除与劳务派遣公司的劳动关系，并且要求两公司共同支付各项赔偿金合计30余万元。本案中，谢某同时要求两个公司承担工伤赔偿责任是否有法律依据？

以案普法

本案中，谢某有权要求劳务派遣公司和机械制造公司共同承担赔偿责任。

首先，根据《最高人民法院关于审理工伤保险行政案件若干问题的规定》第3条第1款第2项规定，“劳务派遣单位派遣的职工在用工单位工作期间因工伤亡的，派遣单位为承担工伤保险责任的单位”。本案中，谢某是与劳务派遣公司签订劳动合同的，劳务派遣公司应当作为承担工伤保险责任的单位。

其次，根据《劳动合同法》第92条第2款的规定：“劳务派遣单位、用工单位违反本法有关劳务派遣规定的……用工单位给被派遣劳动者造成损害的，劳务派遣单位与用工单位承担连带赔偿责任。”本案中，用工单位是机械制造公司，公司应当按照《劳动合同法》第62条的规定，对在岗被派遣劳动者进行工作岗位所必需的培训。但机械制造公司在谢某上岗前，没有对其进行必要的岗前培训，客观上造成谢某对机械设备的操作不当，导致了谢某的身体损害。因此，该机械制造公司作为用工单位，应当按照《劳动合同法》第 92 条的规定，与劳务派遣公司共同对谢某的工伤损害承担连带赔偿责任。

本案中，劳动争议仲裁委员会审理后作出裁决，由于公司没有为谢某办理工伤保险，由劳务派遣公司向谢某支付工伤保险待遇赔偿，机械制造公司对劳务派遣公司的前述工伤待遇支付义务承担连带责任。

法律依据

《中华人民共和国劳动合同法》

第六十二条 用工单位应当履行下列义务：

（一）执行国家劳动标准，提供相应的劳动条件和劳动保护；

（二）告知被派遣劳动者的工作要求和劳动报酬；

（三）支付加班费、绩效奖金，提供与工作岗位相关的福利待遇；

（四）对在岗被派遣劳动者进行工作岗位所必需的培训；

（五）连续用工的，实行正常的工资调整机制。

用工单位不得将被派遣劳动者再派遣到其他用人单位。

第九十二条 违反本法规定，未经许可，擅自经营劳务派遣业务的，由劳动行政部门责令停止违法行为，没收违法所得，并处违法所得一倍以上五倍以下的罚款；没有违法所得的，可以处五万元以下的罚款。

劳务派遣单位、用工单位违反本法有关劳务派遣规定的，由劳动行政部门责令限期改正；逾期不改正的，以每人五千元以上一万元以下的标准处以罚款，对劳务派遣单位，吊销其劳务派遣业务经营许可证。用工单位给被派遣劳动者造成损害的，劳务派遣单位与用工单位承担连带赔偿责任。

《中华人民共和国劳动合同法实施条例》

第三十五条 用工单位违反劳动合同法和本条例有关劳务派遣规定的，由劳动行政部门和其他有关主管部门责令改正；情节严重的，以每位被派遣劳动者1000元以上5000元以下的标准处以罚款；给被派遣劳动者造成损害的，劳务派遣单位和用工单位承担连带赔偿责任。

《最高人民法院关于审理工伤保险行政案件若干问题的规定》

第三条 社会保险行政部门认定下列单位为承担工伤保险责任单位的，人民法院应予支持：

（一）职工与两个或两个以上单位建立劳动关系，工伤事故发生时，职工为之工作的单位为承担工伤保险责任的单位；

（二）劳务派遣单位派遣的职工在用工单位工作期间

因工伤亡的，派遣单位为承担工伤保险责任的单位；

（三）单位指派到其他单位工作的职工因工伤亡的，指派单位为承担工伤保险责任的单位；

（四）用工单位违反法律、法规规定将承包业务转包给不具备用工主体资格的组织或者自然人，该组织或者自然人聘用的职工从事承包业务时因工伤亡的，用工单位为承担工伤保险责任的单位；

（五）个人挂靠其他单位对外经营，其聘用的人员因工伤亡的，被挂靠单位为承担工伤保险责任的单位。

前款第（四）、（五）项明确的承担工伤保险责任的单位承担赔偿责任或者社会保险经办机构从工伤保险基金支付工伤保险待遇后，有权向相关组织、单位和个人追偿。

3. 农民工在劳务承包中发生伤害事故，该怎么维权？

典型案例

某建筑公司是某商务大厦建设工程的总承包方，建筑公司经审核资质，将室内装修工程分包给了某装饰工程公司，但该装饰工程公司又将部分工程分包给了无任何资质的金某。金某在本地劳务市场招用了包含叶某在内的15名农民工，从事室内地砖铺设工作。施工过程中，叶某在切割地砖时被崩飞的碎砖片击中左眼，随即住院治疗，之后经劳动能力鉴定委员会鉴定为八级工伤伤残。叶某找承包人金某要求赔偿，金某推脱称，事故是叶某自己造成的，并且装饰工程公司尚未结算工程款，自己也无钱赔偿；叶某转而找装饰工程公司协商，该公司称与叶某没有任何关系，公司没有赔偿责任。那么，叶某该如何维护自己的权益？

以案普法

在工程建设过程中，违法分包、转包时有发生。在存在违法分包的情况下，劳动者的用工主体不确定，劳动关系不明晰，客观上给劳动者在因工致害情况下的维权增加了难度。当然，随着一系列法律法规和司法解释的出台，用工主体责任逐步明确。

根据《最高人民法院关于审理工伤保险行政案件若干问题的规定》第 3 条第 1 款第 4 项规定，用工单位违反法律、法规规定将承包业务转包给不具备用工主体资格的组织或者自然人，该组织或者自然人聘用的职工从事承包业务时因工伤亡的，用工单位为承担工伤保险责任的单位。

本案中，建筑公司把工程分包给装饰工程公司，分包行为不违反法律规定，对分包方的公司资质也进行了审核确认，因此，对叶某的受伤无须承担连带责任。叶某受雇于金某，受金某管理，与装饰工程公司不存在劳动关系，但是装饰工程公司将工程违法分包给不具备任何资质的个人金某，违反了法律规定，按照《最高人民法院关于审理工伤保险行政案件若干问题的规定》第 3 条第 1 款第 4 项，装饰工程公司应当对叶某承担用工主体责任。

叶某向工作地劳动争议仲裁委员会申请工伤赔偿仲裁，要求装饰工程公司承担工伤赔偿责任，经劳动争议仲裁委员会裁决，装饰工程公司与叶某不存在劳动关系，但是由于存在违法分包的情况，装饰工程公司应对叶某承担用工主体责任，对叶某的工伤结果承担赔偿责任。装饰工程公司不服该裁决，向法院提起诉讼要求撤销裁决，依法判决公司不承担责任，最终法院驳回了其诉讼请求。

建设工程领域转包、分包的情况比较普遍，一旦发生工伤、工亡事故，维权和取证较为困难，各公司与包工头往往互相推诿。在此也提醒各位农民工朋友，上岗前要依法要求公司签订书面的劳动合同，以便于维护自身的合法权益。

法律依据

《最高人民法院关于审理工伤保险行政案件若干问题的规定》

第三条 社会保险行政部门认定下列单位为承担工伤保险责任单位的，人民法院应予支持：

（一）职工与两个或两个以上单位建立劳动关系，工伤事故发生时，职工为之工作的单位为承担工伤保险责任的单位；

（二）劳务派遣单位派遣的职工在用工单位工作期间因工伤亡的，派遣单位为承担工伤保险责任的单位；

（三）单位指派到其他单位工作的职工因工伤亡的，指派单位为承担工伤保险责任的单位；

（四）用工单位违反法律、法规规定将承包业务转包给不具备用工主体资格的组织或者自然人，该组织或者自然人聘用的职工从事承包业务时因工伤亡的，用工单位为承担工伤保险责任的单位；

（五）个人挂靠其他单位对外经营，其聘用的人员因工伤亡的，被挂靠单位为承担工伤保险责任的单位。

前款第（四）、（五）项明确的承担工伤保险责任的单位承担赔偿责任或者社会保险经办机构从工伤保险基金支付工伤保险待遇后，有权向相关组织、单位和个人追偿。

《劳动和社会保障部关于确立劳动关系有关事项的通知》

四、建筑施工、矿山企业等用人单位将工程（业务）或经营权发包给不具备用工主体资格的组织或自然人，对该组织或自然人招用的劳动者，由具备用工主体资格的发包方承担用工主体责任。

4. 工程烂尾或用人单位破产时，农民工怎样追讨薪资？

典型案例

某房地产开发公司将名苑小区建设工程发包给湖南某建筑公司，该公司又将其中的某楼栋转包给明星建筑公司，明星建筑公司将该楼栋的水电工程再次转包给任某和谢某，二人组织了15名农民工进行施工。在工程即将完工时，由于湖南某建筑公司资金链断裂导致工程烂尾，任某等人找到明星建筑公司索要欠付的工资，但是明星建筑公司称其也未拿到工程款，无力支付。经了解，某房地产开发公司确实有部分工程款未向湖南某建筑公司支付。本案这种情况下，总承包公司面临破产，农民工能否直接起诉发包方讨薪？

以案普法

一些建设工程项目受多种因素的影响，由于手续不完备、资金能力不足等原因，发生工程烂尾的情况，甚至部分施工单位资不抵债面临破产。在这种情况下，农民工薪资的追讨往往面临诸多障碍。在责任承担主体上，包工头、实际施工人、施工总承包单位甚至建设单位，都有可能成为支付农民工薪资的责任主体。

首先，包工头或实际施工人虽然不具备用工资质，但往往直接招用工人，农民工与包工头或实际施工人之间成立雇佣关系，包工头或实际施工人应当首先对农民工工资承担支付责任。

其次，施工总承包单位和发包方（建设单位）在一定条件下，也应当承担农民工工资的支付义务。根据《最高人民法院关于审理建设工程施工合同纠纷案件适用法律问题的解释（一）》第43条规定："实际施工人以转包人、违法分包人为被告起诉的，人民法院应当依法受理。实际施工人以发包人为被告主张权利的，人民法院应当追加转包人或者违法分包人为本案第三人，在查明发包人欠付转包人或者违法分包人建设工程价款的数额后，判决发包人在欠付建设工程价款范围内对实际施工人承担责任。"

在本案中，工程被承包转包，转包方又将部分工程违法分包给任某和谢某，具体由15名工人施工。发包方应当按照约定及时拨付工程款。若本案中发包方确有未结清的工程款，那么即使工程烂尾，或者施工总承包单位面临破产，工人仍有权要求发包方在未结清的工程款范围内先行垫付拖欠的工资。

农民工工资的支付风险问题，事关诸多农民工的根本利益。鉴于此，除以上法律规定及司法解释外，国务院办公厅还出台了《关于全面治理拖欠农民工工资问题的意见》（国办发〔2016〕1号），从政策角度提出了要求。

法律依据

《最高人民法院关于审理建设工程施工合同纠纷案件适用法律问题的解释（一）》

第四十三条 实际施工人以转包人、违法分包人为被告起诉的，人民法院应当依法受理。

实际施工人以发包人为被告主张权利的，人民法院应当追加转包人或者违法分包人为本案第三人，在查明发包人欠付转包人或者违法分包人建设工程价款的数额后，判决发包人在欠付建设工程价款范围内对实际施工人承担责任。

《建设领域农民工工资支付管理暂行办法》

第十条 业主或工程总承包企业未按合同约定与建设工程承包企业结清工程款，致使建设工程承包企业拖欠农民工工资的，由业主或工程总承包企业先行垫付农民工被拖欠的工资，先行垫付的工资数额以未结清的工程款为限。

《国务院办公厅关于全面治理拖欠农民工工资问题的意见》

（三）明确工资支付各方主体责任。全面落实企业对招用农民工的工资支付责任，督促各类企业严格依法将工资按月足额支付给农民工本人，严禁将工资发放给不具备用工主体资格的组织和个人。在工程建设领域，施工总承包企业（包括直接承包建设单位发包工程的专业承包企业，下同）对所承包工程项目的农民工工资支付负总责，分包企业（包括承包施工总承包企业发包工程的专业企业，下同）对所招用农民工的工资支付负直接责任，不得以工程款未到位等为由克扣或拖欠农民工工资，不得将合同应收工程款等经营风险转嫁给农民工。

5. 农民工在提供个人劳务过程中受伤，该如何维权？

典型案例

房主魏某与邻村张某签订承包建房协议，协议约定由张某负责魏某家两间平房的建设工作，建筑材料由房主魏某购买提供，张某进行建设施工。签订协议后张某找到李某、刘某等人开始施工建房，约定工资按每人每天 180 元发放。施工人员李某在房顶施工时不慎从高处跌落，在当地医院治疗。治疗结束后李某向法院起诉要求张某、魏某共同赔偿其各项经济损失 12 万元。经李某申请，法院委托司法鉴定机构对其伤残等级进行鉴定，结论为十级伤残。那么，李某是否有权要求张某、魏某承担赔偿责任？

以案普法

由于用工形式灵活，个人劳务在民事活动中经常出现，个人劳务中形成的损害纠纷应当如何进行维权，也是大家非常关注的问题。

《民法典》第 1192 条第 1 款规定："个人之间形成劳务关系，提供劳务一方因劳务造成他人损害的，由接受劳务一方承担侵权责任。接受劳务一方承担侵权责任后，可以向有故意或者重大过失的提供劳务一方追偿。提供劳务一方因劳务受到损害的，根据双方各自的过错承担相应的责任。"

在本案中，张某与李某之间形成了个人劳务关系，主要原因有：一是张某找来李某从事建房工作，李某向张某提供劳务；二是李某的工资由张某确定并支付。因此，李某在受伤后可以要求张某承担责任。

在责任的承担比例上，根据法律规定，提供劳务一方因劳务受到损害的，根据提供劳务一方和接受劳务一方各自的过错承担相应的责任。张某未提供相应的保护措施，存在过错，应承担相应的赔偿责任，但是作为成年人的李某未履行安全注意义务，其行为亦有过错，应承担一定的责任。

同时，房主魏某将房屋建设工作承包给张某，与张某之间成立承揽关系。《民法典》第 1193 条规定："承揽人在完成工作过程中造成第三人损害或者自己损害的，定作人不承担侵权责任。但是，定作人对定作、指示或者选任有过错的，应当承担相应的责任。"又根据《建筑法》第 83 条第 3 款的规定，农民自建低层住宅的建筑活动，不适用《建筑法》。对于"农民自建低层住宅"如何认定，根据原建设部《关于加强村镇建设工程质量安全管理的若干意见》（建质〔2004〕216 号）第 3 条第 3 项规定，是指农民自建两层（含两层）以下住宅。因此，农民自建低层住宅的建筑活动没有建筑资质的要求。本案中，房主魏某所建两间平房，属于农民自建低层住宅，他将房屋建设工作承包给没有资质的张某，并不为法律所禁止，其不存在选任过错，也不存在定作或指示过错，因此不需要对李某承担赔偿责任。

最终法院判决认定张某对李某的损失承担 70%的赔偿责任，李某自身承担 30%的责任，房主魏某不承担赔偿责任。

法律依据

《中华人民共和国民法典》

第一千一百九十二条　个人之间形成劳务关系，提供劳务一方因劳务造成他人损害的，由接受劳务一方承担侵权责任。接受劳务一方承担侵权责任后，可以向有故意或者重大过失的提供劳务一方追偿。提供劳务一方因劳务受到损害的，根据双方各自的过错承担相应的责任。

提供劳务期间，因第三人的行为造成提供劳务一方损害的，提供劳务一方有权请求第三人承担侵权责任，也有权请求接受劳务一方给予补偿。接受劳务一方补偿后，可以向第三人追偿。

第一千一百九十三条 承揽人在完成工作过程中造成第三人损害或者自己损害的，定作人不承担侵权责任。但是，定作人对定作、指示或者选任有过错的，应当承担相应的责任。

《中华人民共和国建筑法》

第八十三条第三款 抢险救灾及其他临时性房屋建筑和农民自建低层住宅的建筑活动，不适用本法。

《建设部关于加强村镇建设工程质量安全管理的若干意见》

三、突出重点，分类指导，创新监督管理方式

……

（三）对于村庄建设规划范围内的农民自建两层（含两层）以下住宅（以下简称农民自建低层住宅）的建设活动，县级建设行政主管部门的管理以为农民提供技术服务和指导作为主要工作方式。

6. 农民工在做钟点工时发生人身伤害事故，该如何维权？

典型案例

邢阿姨为某家政公司的员工，受家政公司指派，到某小区一业主家做钟点工，家政服务时间为每周二、周四、周六的下午3点至5点。某日，邢阿姨在该业主家清洁外窗时不慎坠亡。邢阿姨的丈夫及子女起诉至法院要求业主赔偿70余万元。那么邢阿姨丈夫及子女的诉讼主张能否得到法院的支持？

以案普法

钟点工用工灵活，按照受雇方式的不同，可分以下情形进行维权。

第一种，由业主直接雇佣的钟点工。可以按照个人劳务关系的相关规定进行维权。《民法典》第1192条第1款规定："个人之间形成劳务关系，提供劳务一方因劳务造成他人损害的，由接受劳务一方承担侵权责任。接受劳务一方承担侵权责任后，可以向有故意或者重大过失的提供劳务一方追偿。提供劳务一方因劳务受到损害的，根据双方各自的过错承担相应的责任。"即业主与钟点工按照双方的过错程度来划分各自应承担的责任。

第二种，受聘于家政公司，由家政公司指派到业主家服务的钟点工。家政公司与家政从业人员之间存在劳动关系，家政从业人员受家政公司的指派到业主家做钟点工，那么家政公司应当按照《劳动法》第72条之规定，为从业人员缴纳社会保险（含工伤保险），家政从业人员在工作过程中受到的人身伤害，可按照工伤的相关规定进行处理。同时，家政公司应当为家政从业人员进行必要的职业操作与安全培训，提供必备的安全防护措施。接受家政服务的业主，一般不承担赔偿责任。

本案中，邢阿姨作为家政公司的从业人员，在做钟点工期间不慎坠亡，属于以上第二种情形。作为用人单位的家政公司，应当协助邢阿姨的家属，按照《社会保险法》第38条的规定，领取丧葬补助金、供养亲属抚恤金和因工死亡补助金。家政公司未给邢阿姨缴纳工伤保险的，应当由家政公司承担以上补助金、抚恤金的支付责任。邢阿姨丈夫及子女要求业主承担赔偿责任的诉讼主张，不能得到法院的支持。

法律依据

《中华人民共和国民法典》

第一千一百六十五条 行为人因过错侵害他人民事权益造成损害的，应当承担侵权责任。

依照法律规定推定行为人有过错，其不能证明自己没有过错的，应当承担侵权责任。

第一千一百九十二条 个人之间形成劳务关系，提供劳务一方因劳务造成他人损害的，由接受劳务一方承担侵权责任。接受劳务一方承担侵权责任后，可以向有故意或者重大过失的提供劳务一方追偿。提供劳务一方因劳务受到损害的，根据双方各自的过错承担相应的责任。

提供劳务期间，因第三人的行为造成提供劳务一方损害的，提供劳务一方有权请求第三人承担侵权责任，也有权请求接受劳务一方给予补偿。接受劳务一方补偿后，可以向第三人追偿。

《中华人民共和国劳动法》

第五十二条 用人单位必须建立、健全劳动安全卫生制度，严格执行国家劳动安全卫生规程和标准，对劳动者进行劳动安全卫生教育，防止劳动过程中的事故，减少职业危害。

第五十四条 用人单位必须为劳动者提供符合国家规定的劳动安全卫生条件和必要的劳动防护用品，对从事有职业危害作业的劳动者应当定期进行健康检查。

第五十六条 劳动者在劳动过程中必须严格遵守安全操作规程。

劳动者对用人单位管理人员违章指挥、强令冒险作业，有权拒绝执行；对危害生命安全和身体健康的行为，有权提出批评、检举和控告。

第七十二条 社会保险基金按照保险类型确定资金来源，逐步实行社会统筹。用人单位和劳动者必须依法参加社会保险，缴纳社会保险费。

第一百条 用人单位无故不缴纳社会保险费的，由劳动行政部门责令其限期缴纳；逾期不缴的，可以加收滞纳金。

《中华人民共和国社会保险法》

第三十八条 因工伤发生的下列费用，按照国家规定从工伤保险基金中支付：

（一）治疗工伤的医疗费用和康复费用；

（二）住院伙食补助费；

（三）到统筹地区以外就医的交通食宿费；

（四）安装配置伤残辅助器具所需费用；

（五）生活不能自理的，经劳动能力鉴定委员会确认的生活护理费；

（六）一次性伤残补助金和一至四级伤残职工按月领取的伤残津贴；

（七）终止或者解除劳动合同时，应当享受的一次性医疗补助金；

（八）因工死亡的，其遗属领取的丧葬补助金、供养亲属抚恤金和因工死亡补助金；

（九）劳动能力鉴定费。

7. 农民工进行职业病诊断时，用人单位拒不提供相关资料的，该如何维权？

典型案例

辛某自2020年2月起在某能源公司从事清洁工工作，主要负责各车间卫生清洁，及厂区和宿舍区杀虫工作。工作中需接触丙酮、盐酸等化学品，偶尔因工作需要直接使用三氯乙烯洗电脑、空调。2022年4月，辛某在给厂区杀虫后全身出现红斑皮疹，简单治疗后继续工作。后因病情不断加重，辛某多次到医院就诊，依旧未见缓解。直至9月，辛某的面部、颈部、上肢出现大面积弥漫性红斑、丘疹、脱屑，下肢少量红斑。辛某怀疑自己是因工作环境引起了病症，想到职业病诊断机构诊断，但是能源公司拒绝提供相关材料，那么辛某应如何维权？

以案普法

根据《职业病防治法》第47条的规定，劳动者申请职业病诊断的，用人单位应当如实提供劳动者职业史和职业病危害接触史、工作场所职业病危害因素检测结果等资料，为鉴定提供便利。

在本案中，用人单位拒绝提供资料，辛某可以向当地卫生行政部门反映，卫生行政部门应当督促用人单位提供资料。若用人单位仍不提供，职业病诊断、鉴定机构应当结合劳动者的临床表现、辅助检查结果和劳动者的职业史、职业病危害接触史，并参考劳动者的自述、卫生行政部门提供的日常监督检查信息等，作出职业病诊断、鉴定结论。职业病诊断、鉴定机构不得以无材料为由拒绝作出诊断。

此外，职业病诊断、鉴定机构也可以根据实际需要到劳动者的工作场所进行现场调查，用人单位不得拒绝、阻挠。同时，职业病诊断、鉴定机构还可以向卫生行政部门提出调查要求，卫生行政部门应当在 10 日内组织现场调查。

如果劳动者认为用人单位提供的工作场所职业病危害因素检测结果等资料有问题、不真实，或者因用人单位解散、破产，无法提供上述资料的，可以依据《职业病防治法》第 48 条的规定，由职业病诊断、鉴定机构提请卫生行政部门进行调查，卫生行政部门应当自接到申请之日起 30 日内对存在异议的资料或者工作场所职业病危害因素情况作出判定；有关部门应当配合。

法律依据

《中华人民共和国职业病防治法》

第四十七条 用人单位应当如实提供职业病诊断、鉴定所需的劳动者职业史和职业病危害接触史、工作场所职业病危害因素检测结果等资料；卫生行政部门应当监督检查和督促用人单位提供上述资料；劳动者和有关机构也应当提供与职业病诊断、鉴定有关的资料。

职业病诊断、鉴定机构需要了解工作场所职业病危害因素情况时，可以对工作场所进行现场调查，也可以向卫生行政部门提出，卫生行政部门应当在十日内组织现场调查。用人单位不得拒绝、阻挠。

第四十八条 职业病诊断、鉴定过程中，用人单位不提供工作场所职业病危害因素检测结果等资料的，诊断、鉴定机构应当结合劳动者的临床表现、辅助检查结果和劳动者的职业史、职业病危害接触史，并参考劳动者的自述、卫生行政部门提供的日常监督检查信息等，作出职业病诊断、鉴定结论。

劳动者对用人单位提供的工作场所职业病危害因素检测结果等资料有异议，或者因劳动者的用人单位解散、破产，无用人单位提供上述资料的，诊断、鉴定机构应当提请卫生行政部门进行调查，卫生行政部门应当自接到申请之日起三十日内对存在异议的资料或者工作场所职业病危害因素情况作出判定；有关部门应当配合。

《职业病诊断与鉴定管理办法》

第二十四条　用人单位未在规定时间内提供职业病诊断所需要资料的，职业病诊断机构可以依法提请卫生健康主管部门督促用人单位提供。

第二十八条　经卫生健康主管部门督促，用人单位仍不提供工作场所职业病危害因素检测结果、职业健康监护档案等资料或者提供资料不全的，职业病诊断机构应当结合劳动者的临床表现、辅助检查结果和劳动者的职业史、职业病危害接触史，并参考劳动者自述或工友旁证资料、卫生健康等有关部门提供的日常监督检查信息等，作出职业病诊断结论。对于作出无职业病诊断结论的病人，可依据病人的临床表现以及辅助检查结果，作出疾病的诊断，提出相关医学意见或者建议。

8. 农民工对职业病诊断结果有异议时，该如何维权？

典型案例

农民工程某的工作岗位是“气刨”，用人单位与程某共同认可的职业性噪声接触工龄是37个月。2021年8月5日，程某因在工作中受到气刨巨大声响的刺激，感觉右耳耳鸣并伴有听力下降。一个月后程某去医院检查并住院治疗，出院诊断为“感应神经性耳聋，建议配助听器”，出院后程某又多次到不同医院进行医治。2022年5月，程某到当地具有职业病诊断资质的医疗机构检查诊断，2022年7月28日，职业病诊断机构对该用人单位进行职业病危害因素检测，根据检测结果出具了“排除职业性爆震聋”的诊断书。程某不认可该诊断结论，那么，程某该如何维权？

以案普法

《职业病诊断与鉴定管理办法》第34条第1款规定：“当事人对职业病诊断机构作出的职业病诊断有异议的，可以在接到职业病诊断证明书之日起三十日内，向作出诊断的职业病诊断机构所在地设区的市级卫生健康主管部门申请鉴定。”

本案中，程某于2022年7月28日收到诊断结论，按照规定程某需在8月28日前向所在地设区的市级卫生健康主管部门提出鉴定申请。程某在申请职业病诊断前，就已经多次在不同医院检测出听力受损，但用人单位并没有将他调离接触噪声的工作环境，也没有提供历年工作场所的噪声检测与评价报告。因此，卫生健康主管部门综合分析程某的职业接触史、临床表现及实验室检验结果，认为其虽然不符合职业性爆震聋的诊断标准，但符合职业性噪声聋的诊断标准，诊断分级为中度。

在我国，职业病鉴定实行两级鉴定制，设区的市级职业病诊断鉴定委员会负责职业病诊断争议的首次鉴定。当事人对设区的市级职业病鉴定结论不服的，可以在接到诊断鉴定书之日起 15 日内，向原鉴定组织所在地省级卫生健康主管部门申请再鉴定，省级鉴定为最终鉴定。

法律依据

《职业病诊断与鉴定管理办法》

第十九条 劳动者可以在用人单位所在地、本人户籍所在地或者经常居住地的职业病诊断机构进行职业病诊断。

第三十四条 当事人对职业病诊断机构作出的职业病诊断有异议的，可以在接到职业病诊断证明书之日起三十日内，向作出诊断的职业病诊断机构所在地设区的市级卫生健康主管部门申请鉴定。

职业病诊断争议由设区的市级以上地方卫生健康主管

部门根据当事人的申请组织职业病诊断鉴定委员会进行鉴定。

第三十五条 职业病鉴定实行两级鉴定制，设区的市级职业病诊断鉴定委员会负责职业病诊断争议的首次鉴定。

当事人对设区的市级职业病鉴定结论不服的，可以在接到诊断鉴定书之日起十五日内，向原鉴定组织所在地省级卫生健康主管部门申请再鉴定，省级鉴定为最终鉴定。

9. 农民工维权时，怎样申请法律援助？

典型案例

林某在某建筑工地务工，建筑公司始终没有与林某签订劳动合同。2022 年 6 月起，项目工地资金周转困难，连续 4 个月未发放工资，双方发生劳动争议。林某来到当地的法律援助中心请求法律援助，希望能够通过法律援助申请劳动仲裁进行维权。法律援助中心接到其申请后审核通过并为其立案，指派了律师。通过调查取证，律师取得了林某 3 个同事的证言，让林某准备了工资银行流水及工作服、工作证，几项证据相互印证，能够有效地证明林某与建筑公司之间的劳动关系。同时，律师也向林某介绍了公司未签订劳动合同的法律责任。案件当事人双方最终在仲裁庭的调解下达成和解，林某的诉求得到了解决。

以案普法

根据《法律援助条例》第10条的规定，农民工在请求支付劳动报酬时，因经济困难没有委托代理人的，可以向法律援助机构申请法律援助。同时，按照《法律援助条例》第14条的规定，公民请求支付劳动报酬的，应当向支付劳动报酬的义务人住所地的法律援助机构提出申请，一般是向用人单位所在地的法律援助机构提出申请。

本案中，林某因追索劳动报酬的事项申请法律援助，符合以上规定，其向用人单位所在地的法律援助机构提出申请也是正确的。申请人提出申请时，应当提供相应的证明材料，在案件办理过程中，也应当根据援助律师的建议，如实提供相应的案件证据。

需要注意的是，各地申请法律援助需要申请人提供的材料不完全相同，建议需要申请法律援助的农民工朋友到当地法律援助中心咨询具体需要提供的材料。

法律依据

《法律援助条例》

第十条　公民对下列需要代理的事项，因经济困难没有委托代理人的，可以向法律援助机构申请法律援助：

（一）依法请求国家赔偿的；

（二）请求给予社会保险待遇或者最低生活保障待遇的；

（三）请求发给抚恤金、救济金的；

（四）请求给付赡养费、抚养费、扶养费的；

（五）请求支付劳动报酬的；

（六）主张因见义勇为行为产生的民事权益的。

省、自治区、直辖市人民政府可以对前款规定以外的法律援助事项作出补充规定。

公民可以就本条第一款、第二款规定的事项向法律援助机构申请法律咨询。

第十四条 公民就本条例第十条所列事项申请法律援助，应当按照下列规定提出：

（一）请求国家赔偿的，向赔偿义务机关所在地的法律援助机构提出申请；

（二）请求给予社会保险待遇、最低生活保障待遇或者请求发给抚恤金、救济金的，向提供社会保险待遇、最低生活保障待遇或者发给抚恤金、救济金的义务机关所在地的法律援助机构提出申请；

（三）请求给付赡养费、抚养费、扶养费的，向给付赡养费、抚养费、扶养费的义务人住所地的法律援助机构提出申请；

（四）请求支付劳动报酬的，向支付劳动报酬的义务人住所地的法律援助机构提出申请；

（五）主张因见义勇为行为产生的民事权益的，向被请求人住所地的法律援助机构提出申请。

第十八条　法律援助机构收到法律援助申请后，应当进行审查；认为申请人提交的证件、证明材料不齐全的，可以要求申请人作出必要的补充或者说明，申请人未按要求作出补充或者说明的，视为撤销申请；认为申请人提交的证件、证明材料需要查证的，由法律援助机构向有关机关、单位查证。

对符合法律援助条件的，法律援助机构应当及时决定提供法律援助；对不符合法律援助条件的，应当书面告知申请人理由。

10. 劳动争议仲裁案件的管辖如何确定？

典型案例

自 2021 年 6 月 2 日起，刘某在 A 市某在建工程项目内从事木工工作，2022 年 3 月，因所属建筑公司一直不与包括刘某在内的 6 名工人签订书面劳动合同，也不为其缴纳社会保险，刘某等人准备向 A 市劳动争议仲裁委员会提起劳动争议仲裁，经查询，该建筑公司的注册地址在 B 市。对于本案这种用人单位所在地与劳动合同履行地不属同一地区的情况，刘某等人能否向 A 市劳动争议仲裁委员会申请劳动仲裁？

以案普法

根据《劳动争议调解仲裁法》第 21 条的规定，劳动者提起劳动仲裁的，可向劳动合同履行地（劳动者的实际工作地点），也可向用人单位所在地（用人单位注册、登记地）有管辖权的劳动争议仲裁委员会提起。本案中，刘某等人的实际工作地点，也就是合同履行地在 A 市，因此他们有权向 A 市劳动争议仲裁委员会提起劳动仲裁，也可向 B 市劳动争议仲裁委员会提起劳动仲裁。刘某等人可以选择对自己维权比较便利的地区提起劳动仲裁。

除了本案这种情况，在建筑行业还有很多像刘某这样的劳动者，跟随所属的建筑公司去往不同的地市务工，甚至所属建筑公司承接的建筑项目遍及全国不同省份，建筑工人跟随公司项目进行流转，工作地点并不稳定，建筑工人可能会有多个劳动合同履行地。在这种情况下，建筑工人发生劳动争议需要维权时，可按照《劳动人事争议仲裁办案规则》第 8 条的规定，在多个劳动合同履行地中选择其中一地的劳动争议仲裁委员会，提出仲裁申请。若劳动者向多个劳动合同履行地提起仲裁的，则由最先受理的劳动争议仲裁委员会管辖。

法律依据

《中华人民共和国劳动争议调解仲裁法》

第二十一条 劳动争议仲裁委员会负责管辖本区域内

发生的劳动争议。

劳动争议由劳动合同履行地或者用人单位所在地的劳动争议仲裁委员会管辖。双方当事人分别向劳动合同履行地和用人单位所在地的劳动争议仲裁委员会申请仲裁的，由劳动合同履行地的劳动争议仲裁委员会管辖。

《劳动人事争议仲裁办案规则》

第八条　劳动合同履行地为劳动者实际工作场所地，用人单位所在地为用人单位注册、登记地或者主要办事机构所在地。用人单位未经注册、登记的，其出资人、开办单位或者主管部门所在地为用人单位所在地。

双方当事人分别向劳动合同履行地和用人单位所在地的仲裁委员会申请仲裁的，由劳动合同履行地的仲裁委员会管辖。有多个劳动合同履行地的，由最先受理的仲裁委员会管辖。劳动合同履行地不明确的，由用人单位所在地的仲裁委员会管辖。

案件受理后，劳动合同履行地或者用人单位所在地发生变化的，不改变争议仲裁的管辖。

11. 劳动者申请的劳动仲裁不被受理时，应如何维权？

典型案例

59 岁的于某荣（女）自 2021 年 5 月 1 日至 6 月 29 日，在某房地产开发公司从事行政内勤工作，由于公司连续多月拖欠工资，于某荣于2022年3月18日到当地劳动争议仲裁委员会申请劳动仲裁，几天后收到了劳动争议仲裁委员会出具的不予受理通知书，原因是其超过法定退休年龄，并且没有劳动合同。那么，于某荣该怎么追讨公司欠付的工资呢？

以案普法

根据《劳动争议调解仲裁法》的规定，劳动争议仲裁委员会受理劳动者向用人单位索要劳动报酬的劳动争议的前提是劳动者与用人单位存在劳动关系。

本案中，于某荣到某房地产开发公司工作时已超过法定退休年龄，与公司形成的是劳务关系，的确不属于劳动争议仲裁委员会受理的范围，但这并不意味着公司可免于承担支付工资的责任。于某荣在接到不予受理通知书后，可向法院提起民事诉讼，依据双方之间的劳务关系，请求法院依法判决公司支付欠付的工资。

需要注意的是，劳动者权利受到侵害，需要申请劳动仲裁的，应当在申请仲裁的时效内提出，按照《劳动争议调解仲裁法》的规定，申请劳动争议仲裁的时效期间为1年。仲裁时效期间从当事人知道或者应当知道其权利被侵害之日起计算。

法律依据

《中华人民共和国劳动争议调解仲裁法》

第二条　中华人民共和国境内的用人单位与劳动者发生的下列劳动争议，适用本法：

（一）因确认劳动关系发生的争议；

（二）因订立、履行、变更、解除和终止劳动合同发生的争议；

（三）因除名、辞退和辞职、离职发生的争议；

（四）因工作时间、休息休假、社会保险、福利、培训以及劳动保护发生的争议；

（五）因劳动报酬、工伤医疗费、经济补偿或者赔偿金等发生的争议；

（六）法律、法规规定的其他劳动争议。

第二十七条　劳动争议申请仲裁的时效期间为一年。仲裁时效期间从当事人知道或者应当知道其权利被侵害之日起计算。

……

劳动关系存续期间因拖欠劳动报酬发生争议的，劳动者申请仲裁不受本条第一款规定的仲裁时效期间的限制；但是，劳动关系终止的，应当自劳动关系终止之日起一年内提出。

第二十九条　劳动争议仲裁委员会收到仲裁申请之日

起五日内，认为符合受理条件的，应当受理，并通知申请人；认为不符合受理条件的，应当书面通知申请人不予受理，并说明理由。对劳动争议仲裁委员会不予受理或者逾期未作出决定的，申请人可以就该劳动争议事项向人民法院提起诉讼。

《最高人民法院关于审理劳动争议案件适用法律问题的解释（一）》

第六条 劳动争议仲裁机构以当事人申请仲裁的事项不属于劳动争议为由，作出不予受理的书面裁决、决定或者通知，当事人不服依法提起诉讼的，人民法院应当分别情况予以处理：

（一）属于劳动争议案件的，应当受理；

（二）虽不属于劳动争议案件，但属于人民法院主管的其他案件，应当依法受理。

图书在版编目（CIP）数据

法律明白人农民工权益保护实用问答：以案普法版／韦颖颖，刘志军著．—北京：中国法制出版社，2023.4

ISBN 978-7-5216-3200-2

Ⅰ.①法…　Ⅱ.①韦…②刘…　Ⅲ.①民工-劳动就业-劳动法-中国-问题解答　Ⅳ.①D922.504-44

中国版本图书馆 CIP 数据核字（2022）第 224740 号

责任编辑：王佩琳　　　　封面设计：周黎明

法律明白人农民工权益保护实用问答（以案普法版）

FALÜ MINGBAI REN NONGMINGONG QUANYI BAOHU SHIYONG WENDA（YI'AN PUFABAN）

著者/韦颖颖，刘志军

经销/新华书店

印刷/三河市国英印务有限公司

开本/880 毫米×1230 毫米　32 开　　　　印张/ 5.75　字数/ 81 千

版次/2023 年 4 月第 1 版　　　　2023 年 4 月第 1 次印刷

中国法制出版社出版

书号 ISBN 978-7-5216-3200-2　　　　定价：20.00 元

北京市西城区西便门西里甲 16 号西便门办公区

邮政编码：100053　　　　传真：010-63141600

网址：http：//www.zgfzs.com　　　　**编辑部电话：010-63141801**

市场营销部电话：010-63141612　　　　**印务部电话：010-63141606**

（如有印装质量问题，请与本社印务部联系。）